W9-BWD-023

CUIDADOS DE LAS

Plantas de Interior

CUIDADOS DE LAS
Plantas de Interior

OLGA MARINO

LIBSA

© 2005, Editorial LIBSA
C/ San Rafael, 4
28108 Alcobendas. Madrid
Tel. (34) 91 657 25 80
Fax (34) 91 657 25 83
e-mail: libsa@libsa.es
www.libsa.es

Redacción: Olga Marino
Revisión de textos: Lucrecia Pérsico
Fotografía: Producción Gráfica, Grupo 7 Editorial S.L.
Dibujos: Javier Sánchez
Maquetación: J. Casado
Edición: Equipo editorial LIBSA

ISBN: 84-662-1024-5

Depósito legal: CO-1134/04

Impreso en España/*Printed in Spain*

Contenido

Presentación

E l contenido de *Cuidados de las plantas de interior* está orientado a todos los amantes de las plantas, ya que de un modo gradual se inicia con el desarrollo de las plantas en general para centrarse en el estudio de este tipo de plantas.

Se entiende por plantas de interior, aquellas que podemos cultivar en macetas y jardineras destinadas a permanecer en lugares cerrados. La ventaja de este tipo de cultivos es que nos permite tener plantas de cualquier parte del mundo, siempre que seamos capaces de recrear las condiciones atmosféricas precisas de su lugar de origen con la creación de microclimas en ambientes cerrados.

En este manual práctico se sintetizan todas la claves para el mantenimiento y desarrollo efectivo de las plantas de interior, con consejos y trucos relacionados con el riego, el abono, el cambio de maceta, la limpieza y la poda. También se exponen los métodos de reproducción más significativos como las esporas, las semillas, los esquejes y los acodos; además, se incluye una sección sobre todo lo que debe saber sobre la salud de sus plantas.

Finalmente se aborda el tema del uso de las plantas en la decoración de interiores, además se profundiza en los beneficios que aportan al espíritu como la sensación de tranquilidad y armonía, y cómo los espacios se purifican con su oxígeno, disminuyen el polvo, aportan humedad al ambiente y disminuyen la proporción de gases nocivos para la salud del interior de nuestras viviendas.

▲ *Las plantas de interior son aquellas que se cultivan en macetas para permanecer en lugares cerrados.*

INTRODUCCIÓN

NUESTRO PLANETA está dividido en una amplia variedad de climas y de suelos.

De norte a sur se alternan paisajes desérticos con zonas de bosques, junglas, praderas, manglares... cada uno con su microclima y sus peculiares formas de vida vegetal y animal.

En las heladas colinas de la Antártida, cuando el calor del sol derrite el hielo en primavera, aparece el clavelito antártico, con sus tímidas flores blancas, desarrollándose junto a las rocas y al resguardo de los vientos.

En las altas planicies del desierto de Atacama, destacan los cardones, inmensos cactus que han transformado las hojas en espinas para retener al máximo el agua, el bien más escaso y preciado de esa zona.

Las diferentes junglas y selvas del planeta albergan una increíble variedad de especies y los bosques de cada continente muestran su singularidad en la forma que adoptan los troncos, raíces, hojas y flores de sus especies vegetales.

Pero salvo unos escasos ejemplares cuyo medio natural son las cuevas y oquedades, todas las plantas crecen al aire libre, expuestas a las bondades o inclemencias del tiempo.

Por lo tanto la expresión «plantas de interior», no designa a un tipo de vegetales que se desarrollan naturalmente en lugares cerrados sino a aquellas que, recibiendo ciertos cuidados de la mano del hombre, sí son capaces de hacerlo.

Historia de las plantas de interior

Según opinión de los expertos, fueron los griegos los primeros en cultivar diferentes especies vegetales en recipientes de piedra o de barro y se sabe que hacia el siglo IV a. C. la costumbre de usar macetas estaba muy extendida en el Mediterráneo.

Hay constancia escrita de que en el siglo III a. C. se colocaban tiestos con plantas en los patios de los palacios importantes a fin de que sirvieran de adorno.

Este hecho no debe sorprender ya que en la ornamentación de templos, liceos e incluso casas, los motivos vegetales estaban presentes en capiteles, en mosaicos o en frescos.

El cultivo de plantas en interiores, seguramente ha sido motivado por la necesidad de brindar un abrigo especial a muchos ejemplares exóticos procedentes de tierras cálidas que no hubieran resistido los rigores del invierno europeo. La única forma de conseguir que éstos pudieran sobrevivir, reproducirse y comercializarse consistía en colocarlos en espacios cerrados pero con luz suficiente.

▼ *Hoy no es necesario vivir en zonas de clima templado para poder disfrutar de hermosos ejemplares como esta vriesia. Si se cultiva como planta de interior, se le pueden brindar la humedad, temperatura, tipo de suelo y luminosidad propios de su entorno natural.*

▲ *El género Ficus comprende entre 700 y 900 variedades. Incluye especies como* Ficus carica *(higuera común) o* Ficus benjamina *(ficus trepador), que se observa en la foto.*

Al respecto cabe decir que las plantas que presentaban mayor interés eran las que poseían propiedades medicinales. En el siglo XVIII, bajo el reinado de Carlos IV, se realizaron varias expediciones a América y una de ellas, que tuvo como destino la isla de Cuba, se denominó *Real Expedición Botánica de Nueva España*.

Su misión era recoger información y ejemplares de plantas desconocidas a las que se pudiera dar un uso medicinal, o un uso más comercial.

En la actualidad, mediante el uso de diferentes técnicas, muchos ejemplares que se pueden cultivar en interior se han ampliado considerablemente, por lo que ha ocasionado que su uso como parte de la decoración se haya extendido a toda la población.

Este libro va a tratar de explicar algunas medidas que hay que tomar para que crezcan sanas y hermosas, para que con su presencia nos acerquen un poco más al entorno natural del cual nos hemos ido alejando.

Cuidar una planta no es una tarea difícil, pero requiere constancia y paciencia.

Como ser vivo que es, necesita nutrirse diariamente, estar protegida de parásitos y enfermedades, tener un entorno ventilado y luminoso. Si se cumplen unos requisitos mínimos, los resultados podrán ser muy satisfactorios.

▶ *Una de las plantas decorativas que se pueden cultivar en interior, es la calatea o maranta (*Calatea *sp.), en todas sus variedades. Este género procede de Brasil.*

Primeros pasos

Crecimiento y desarrollo
de las plantas

•

Herramientas

•

Tipos de suelo,
el compost y el agua

CRECIMIENTO Y DESARROLLO DE LAS PLANTAS

LOS VEGETALES SON seres vivos capaces de desarrollarse, reproducirse y morir. A diferencia de los animales, tienen una particularidad: mediante un proceso llamado fotosíntesis, captan la energía luminosa del sol, la convierten en energía química y con ésta transforman la materia inorgánica en materia orgánica. Absorben del suelo o del entorno minerales, agua y dióxido de carbono y los procesan hasta convertirlos en almidón, glucosa, celulosa, lípidos, ácidos nucleicos, etc.

Los vegetales también respiran: durante el día, mientras realizan la fotosíntesis, expulsan oxígeno a la atmósfera y durante la noche o cuando no hay luz, absorben oxígeno y se desprenden del dióxido de carbono.

Esta particularidad de los vegetales es sumamente importante para el desarrollo de la

▲ Los diferentes géneros y especies vegetales tienen distintas necesidades de luz y agua. Los helechos son ejemplares que requieren un entorno muy húmedo y sin luz solar directa.

vida en el planeta, ya que si bien es cierto que el hombre y los animales necesitan en su dieta algunas sales minerales, no pueden nutrirse exclusivamente de materia inorgánica.

Si los vegetales dejaran de existir, toda la vida del planeta desaparecería.

Partes de una planta

Para que las plantas puedan crear las estructuras que las forman, desarrollarse y reproducirse necesitan de tres elementos esenciales: luz, agua y nutrientes.

También es importante que estén emplazadas en un entorno cuyas características de humedad, suelo y temperatura sean muy similares a las del lugar en el cual se han desarrollado como especie.

El reino vegetal incluye diversos tipos de organismos: algas, hongos, árboles, plantas con flores y sin flores, etc., pero la casi totalidad de plantas de interior son las que poseen un elevado grado de organización y un sistema de vasos bien desarrollado.

Las plantas constan de los siguientes elementos básicos:

• RAÍZ. La raíz es un órgano subterráneo, y que salvo raras excepciones, cumple tres funciones: absorción de agua y nutrientes que son transportados hacia el tallo, fijación de la planta al suelo y acumulación de sustancias de reserva.

Esto último se observa en plantas bulbosas como las patatas, zanahorias, remolachas, etc. La absorción de los nutrientes se realiza a través de unos apéndices llamados pelos absorbentes.

• TALLO. Aunque hay tres tipos de tallo: subterráneos, acuáticos y aéreos, en su mayo-

▲ *Las especies vegetales han generado, a lo largo de millones de años, una atmósfera que permite el desarrollo de la vida en la Tierra.*

ría crecen por encima de la superficie del suelo. Su función es sostener las hojas y flores y posibilitar el transporte de la savia bruta y savia elaborada a todas las estructuras del vegetal.

• HOJAS. Sus principales funciones son realizar la fotosíntesis y la respiración.

La variedad de hojas es enorme y se las puede clasificar según diversos criterios: por su forma, por la manera en la que se distribuyen por el tronco, por la disposición de sus nervaduras, etc.

▲ *Las flores albergan los diferentes órganos necesarios para la reproducción sexual, pero sólo algunas son capaces de autofecundarse.*

Se insertan en los nudos, protuberancias que se observan en el tallo. Cuando éstos faltan, las hojas crecen formando una roseta.

En el ángulo superior que forma la hoja con el tallo, suele haber una pequeña protuberancia llamada yema axilar; es la zona de crecimiento

de la planta. A partir de las yemas se originarán nuevas ramas.

• FLORES. Constituyen el aparato reproductor de algunas especies vegetales y están formadas por yemas y hojas modificadas que cumplen la función de órganos sexuales.

Muchas flores tienen colores vivos y aroma penetrante a fin de atraer los insectos; cuando éstos liban su néctar o intentan comer el polen, parte del mismo se adhiere a los pelos de sus patas y es trasladado a las estructuras femeninas de esa flor o de otra de la misma especie. Esto hace posible la fecundación y, tras ésta, la formación del fruto que contiene las semillas. Por lo general, en las flores que carecen de colores llamativos y de aroma, en la polinización concurren otros factores como el viento o el agua.

Las plantas de interior rara vez dan frutos ya que no suelen tener en su entorno insectos que faciliten la fecundación.

Una de las fases del ciclo vital de la planta es la formación del fruto y de las semillas. Algunas son anuales y florecen cada doce meses; otras son bianuales y florecen cada dos años. Las perennes pueden durar y florecer durante años.

Después de la floración, la parte que está sobre la tierra en muchas de ellas se seca, pero por lo general en su raíz bulbosa tienen sustancias de reserva que les permitirán desarrollarse y crecer en la siguiente estación. Es importante tener esto en cuenta ya que esas plantas, aunque sus hojas estén completamente secas, están vivas. También es necesario saber que muchas atraviesan ciclos en

◄ *Las hojas se clasifican según diversos criterios: forma, color, disposición, etc.; las de Hibiscus sp. (hibisco) sorprenden por su colorido.*

▶ *Los cuidados específicos para cada planta de interior apuntan a recrearles un entorno lo más parecido al de su origen. La violeta africana (Saintpaula ionantha), requiere que sus hojas aterciopeladas se limpien minuciosamente con un pincel.*

los cuales su crecimiento se hace muy lento, que entran en períodos de reposo. Cuando ello ocurre, sus necesidades de agua y alimento son menores.

Como las zonas de crecimiento más activo de la planta se encuentran en las puntas, que es donde están las yemas, o en sus zonas próximas, es posible que el vegetal se desarrolle en longitud pero no en frondosidad; es decir, que la planta sea muy alta pero con muy pocas hojas, ya que las estructuras que crea sean las destinadas al tallo central y no a las ramas laterales o a las hojas.

Para estimular su crecimiento en sentido lateral a fin de que tenga una forma más redondeada, es necesario podarla porque la yema terminal, que se encuentra en la punta de cada rama, frena el crecimiento de las yemas laterales. Si la yema terminal se corta, las otras adquieren mayor fuerza, se desarrollan y dan lugar a nuevas ramificaciones.

Los helechos

A diferencia de las plantas a las que nos hemos referido en el punto anterior, los helechos no tienen flores ni semillas. Se reproducen por esporas.

En cierto momento del año, aparecen unas manchas marrones en la parte inferior de sus hojas, son los soros. Estas estructuras, que se pueden observar perfectamente con una lupa, son cuerpos que producen esporas que, una vez maduras, son liberadas.

Si la espora encuentra un terreno húmedo, con la temperatura adecuada, se desarrolla un pequeño organismo llamado prótalo cuya función es formar los órganos sexuales encargados de producir espermatozoides y óvulos.

Una vez que un óvulo es fecundado, el embrión se desarrolla y crece hasta constituirse en un helecho adulto.

◀ *Los helechos, además de adaptarse a la condiciones ambientales normales, tienen que luchar contra la sequedad del ambiente, sometido al aire acondicionado o la calefacción.*

HERRAMIENTAS

LAS PLANTAS QUE crecen en su hábitat no necesitan cuidados ya que el suelo les provee las sustancias nutritivas necesarias, la lluvia mantiene sus hojas limpias de modo que puedan respirar, los insectos contribuyen a la eliminación de los parásitos y a la polinización, etc.

Sin embargo, las de interior han sido trasladadas a un medio que no es su entorno natural: allí no hay insectos, no pueden recibir las gotas de rocío o de lluvia y los nutrientes que hay en la tierra del tiesto poco a poco se agotan; de ahí que necesiten una serie de cuidados.

Los utensilios básicos para mantener las plantas de interior en buen estado son pocos y están al alcance de cualquier bolsillo.

Guantes

Para evitar cortes y arañazos en las manos, conviene ponerse guantes de jardinería; sobre todo cuando se trabaje con plantas grandes, más duras y resistentes, o con aquéllas que tienen espinas, como los cactus.

◄ *El empleo de guantes evita cortes, arañazos e irritaciones en las manos.*

16

Aunque con los guantes se pierde un poco de sensibilidad y, con ello, de precisión, es bueno acostumbrarse a utilizarlos.

Utensilios para regar

Las plantas tupidas y de hojas delicadas se riegan con la ayuda de una regadera de pitón estrecho, sin difusor; colocando la punta con cuidado cerca de la tierra, ésta puede empaparse fácilmente. Este utensilio también es el adecuado para regar plantas situadas en lugares altos, máxime si tienen hojas colgantes que hagan más difícil la tarea de bajarlas y volverlas a subir.

El exceso de agua es tan perjudicial como su escasez, ya que puede pudrir las raíces. En las tiendas especializadas se vende carbón vegetal; un producto que, puesto en la base de tiestos o jardineras, retiene el agua sobrante y la libera luego, poco a poco, cuando la tierra empieza a secarse. Las masas de musgo también pueden realizar esta función: mezcladas con la tierra proporcionan a ésta una mejor ventilación y humedad. Para que el agua tarde más en evaporarse, el musgo debe colocarse sobre la superficie.

Conviene poner debajo del tiesto un platito a fin de que recoja el agua sobrante y, muy importante, para que la tierra no se encharque, es necesario poner en el fondo del tiesto algunas piedras o cualquier otro objeto que facilite el drenaje. De no ser así, el agua se acumularía en la parte inferior de la maceta y pudriría las raíces.

Los pulverizadores

Uno de los factores que hay que tener en cuenta es la humedad del entorno; las plantas tropicales se desarrollan en zonas selváticas, en ambientes particularmente húmedos y, al ser trasladadas a climas más secos, se marchitan.

Para impedirlo, es necesario humedecer frecuentemente sus hojas. La mejor manera de hacerlo es utilizando un pulverizador; éste también sirve para quitar el polvo que se pueda acumular en las hojas y para rociar insecticidas o abonos foliares.

Es recomendable tener dos pulverizadores: uno para uso exclusivo de insecticidas y productos contra las plagas y el otro para uso común: riego, humidificación, la limpieza o aplicación de abonos foliares.

Paños y cepillos

Para que la hoja pueda realizar a la perfección su función respiratoria y la fotosíntesis, es necesario que esté limpia. El polvo que se acumula en las hojas obstruye el intercambio de gases y resta «capacidad respiratoria» al vegetal.

Las plantas de hojas más grandes deben limpiarse con un paño que no suelte pelusa, previamente humedecido con agua o, también, con insecticida en caso de que se intentara controlar alguna plaga que la afectara.

La mejor forma de quitar el polvo a las hojas aterciopeladas es con ayuda de un pincel o de un cepillo de dientes, de cerdas suaves. En caso de plagas, se le puede empapar en insecticida antes de pasarlo suavemente por las hojas.

◀ Para que las hojas puedan llevar a cabo respirar, es necesario limpiarlas con un paño suave, que no desprenda pelusa.

Para no dañar las plantas, las tijeras de podar deben mantenerse perfectamente afiladas.

Instrumentos cortantes

Es necesario retirar las partes secas a fin de dar un mejor aspecto a la planta y para que coja mayor fuerza. La herramienta específica para esta tarea son las tijeras; de este modo se evita que la planta sufra desgarros. Las tijeras normales sirven para recortar las puntas de las hojas, a menudo quemadas por exceso de sol, y las ramitas muy delgadas; las tijeras de podar están especialmente indicadas para troncos más gruesos.

Es una herramienta indispensable para la época de la poda. Para obtener cortes limpios es necesario mantenerlas bien afiladas.

En el momento de realizar un cambio de maceta o la división de una masa de raíces, será indispensable el uso de un cuchillo, navaja o bisturí que, al igual que las tijeras, deberán estar bien afilados para que los cortes que se realicen con ellos sean limpios y no desgarren la planta.

Lo aconsejable es destinar un cuchillo para este menester y mantenerlo limpio y seco, cuidando que no se oxide ni se melle.

El desplantador y la horquilla

Aunque conviene adquirir estos instrumentos, se pueden reemplazar por una cuchara y un tenedor, respectivamente. El desplantador es muy útil para trabajar en el jardín o en tiestos grandes; con él se puede remover la tierra a la hora de trasplantar los ejemplares, extraer los bulbos para guardarlos a fin de temporada, añadir más tierra a los tiestos, etc.

La horquilla se emplea para airear la tierra y romper los terrones; también para mantener la correcta aireación de las raíces.

Objetos para facilitar el drenaje

Cuando se rompa algún tiesto, conviene guardar algunos trozos para colocarlos en el fondo de las macetas, a la hora de trasplantar.

De este modo se impedirá que la tierra se vaya por el agujero y, al mismo tiempo, se permitirá salir el agua para que no pudra las raíces. A tal efecto también se pueden utilizar algunos cantos rodados.

Recipientes diversos

Habitualmente los recipientes que se usan para cultivar plantas son las jardineras y los tiestos. En general, éstos están construidos en los más diversos materiales: plástico, barro, cemento, cristal, cerámica, etc.

También es amplia la variedad en cuanto a tamaños y formas.

Para desarrollar semillas o esquejes, hay en el mercado unos recipientes especiales. A tal fin también se pueden utilizar el envase plástico de los huevos.

En algunos casos, incluso las simples bolsas transparentes de la compra pueden servir como tiestos provisionales.

Puede ser utilizado como tiesto cualquier elemento capaz de contener tierra húmeda; sólo hay que tener la precaución de hacerle un agujero en la base, de garantizar el drenaje de la planta. Las bandejas son apropiadas para el cultivo de bonsáis.

Suelo

Cada especie se desarrolla en un lugar geográfico diferente, con un suelo cuyas características y composición difieren, a menudo, del de las demás.

La tierra que se ponga en la maceta, ya sea en el momento de hacer el trasplante hacia un tiesto mayor o cuando, simplemente, se quiera reponer la que se haya perdido, debe tener en cuenta las características del ejemplar que alberga el recipiente. En el comercio se venden compuestos para cactus, orquídeas, etc. La tierra de toda planta debe tener, aunque en proporciones diferentes:

- ARENA. El elemento usado para drenar.
- MATERIA ORGÁNICA Y ARCILLA. Sirven para retener el agua.
- SALES MINERALES. De ellas se nutren las plantas.

LA SUJECIÓN DE RAMAS Y RAÍCES

- TUTORES. Se utilizan como sostén de las ramas y troncos. Para este fin pueden servir las cañas y los palos. En el comercio se venden algunos recubiertos de musgo que tienen la ventaja de mantener, además, la humedad del ambiente por más tiempo.

- ALAMBRE. La rama se une al tutor por medio de un alambre plastificado. No deben colocarse ni muy flojos ni muy prietos.

- GRAPAS. Se pueden hacer con alambre o comprar ya dobladas. Se usan para sujetar las ramas colgantes de una planta al tutor, para sujetar acodos para que permanezcan pegados a la superficie del tiesto, etc.
  Estas grapas se podrían reemplazar por unas horquillas para el pelo; es conveniente forrar su parte curva con cinta o algodón ya que el alambre fino con el que están hechas podría hincarse fácilmente en la rama.

CÓMO ABONAR

1

MATERIA ORGÁNICA
El mantillo provee los nutrientes que la planta necesita.

2

PLANTAS EN FLORACIÓN
Aunque muestren síntomas de debilidad, no deben ser abonadas.

3

PASTILLAS Y BASTONCILLOS
Los fertilizantes que vienen de esta forma se diluyen gradualmente.

TIPOS DE SUELO, EL COMPOST Y EL AGUA

LO QUE SE CONOCE hoy como plantas ornamentales de interior, en su origen se han desarrollado en los más diversos climas y entornos geográficos. Algunas, como los cactus, provienen de zonas desérticas en las que es probable que convivan con muy pocas especies que, además, no estén próximas.

Tipos de suelo

El suelo de estos lugares no es rico en materia orgánica ni en agua. Por el contrario otras, cuyo origen es selvático o tienen su entorno natural en bosques densamente poblados, en condiciones naturales crecen sobre un suelo muy rico en agua y en materia orgánica, ya que los ejemplares de todo tipo que hay a su alrededor, mueren constantemente y fertilizan el suelo.

Para que las plantas de interior crezcan vigorosas y sanas, es necesario reproducir con la mayor fidelidad posible su entorno natural y reponer, imitando a éste, los nutrientes y el agua que necesitan.

Los suelos se componen de materia inorgánica y de materia orgánica. En la primera se incluye, básicamente, el tipo de roca sobre la que el vegetal se desarrolla y tiene en cuenta las sales y nutrientes que de él se desprenden.

La materia orgánica proviene de la descomposición de seres vivos, tanto vegetales como animales.

Antiguamente, los desechos de toda la casa y del jardín se apilaban de forma que se descompusieran y se transformaran en abono. En las zonas agrícolas contaban con un estercolero, que era el lugar donde se preparaba, con los residuos, el compost.

Era un proceso lento, que no contaba con demasiadas garantías de higiene ni conservaba el 100 por cien de los nutrientes que podían proporcionar los desechos.

▶ *El Ficus elástica (árbol del caucho) es una especie originaria de los húmedos y lluviosos bosques tropicales. Sus hojas tienen un apéndice en la punta cuyo objeto es facilitar el goteo de agua.*

El compost

En la actualidad, y por medios industriales, los desechos se someten a un proceso de fermentación muy controlado consiguiéndose un compost que tiene interesantes propiedades. (*Véase* cuadro adjunto.)

En el comercio se pueden encontrar, básicamente, tres tipos de compost:

● COMPOST PARA PLANTAS DE INTERIOR. Formado por una mezcla de turba de esfagnos, mantillo de cortezas, abono orgánico de síntesis, estiércol y arcilla.

▶ *Las orquídeas necesitan un compost grumoso especial.*

▼ *El suelo de los cactus debe ser rico en nutrientes y estar bien drenado.*

● COMPOST PARA CACTUS Y PLANTAS CRASAS. Contiene turba, arcilla y una mezcla de arenas de drenaje, de diferente grosor.

● COMPOST PARA ORQUÍDEAS. Es una mezcla de turba, arcilla y arena, sumamente aireada y grumosa.

Como a medida que la planta crece la cantidad de tierra del tiesto disminuye, conviene reponerla con el compost más adecuado, según la especie. Así se le proveerán nutrientes y el ejemplar se mantendrá más saludable y lozano.

▲ *Las necesidades hídricas de las plantas originarias de zonas selváticas son muy grandes; no basta con echarles el agua en la tierra sino que es necesario pulverizar sus partes aéreas e, incluso, poner agua en el centro del manojo de hojas.*

El agua

En la naturaleza, las precipitaciones son ligeramente ácidas; tanto el agua de lluvia como el rocío tienen un grado de acidez inferior a pH 7, que es el punto neutro.

En el agua de lluvia no hay sales disueltas, ni cloro; en un medio natural, estos elementos son extraídos por la planta directamente desde el suelo.

▶ *El agua corriente no es igual a la de lluvia; ésta tiene un componente ácido que algunas plantas echan en falta.*

Pero el agua corriente de las ciudades no es igual al agua de lluvia.

Contiene una serie de productos, como por ejemplo el cloro, que actúan a modo de desinfectantes, además de presentar diferentes concentraciones de cal o yeso, según su dureza.

Algunas plantas necesitan un suelo especialmente ácido; cuando son regadas con agua corriente, habitualmente rica en sales, la tierra se vuelve cada vez más básica y ello hace que las raíces pierdan en gran medida su capacidad de absorción y transporte de nutrientes.

▲ *Hay especies, como* Anthurium scherzerianum *(anturio), que necesitan un suelo parcialmente seco antes de ser regadas.*

ABONO

• CRECIMIENTO. Cuando crece el ejemplar, los nutrientes presentes en la tierra del tiesto se van agotando; por esto es necesario utilizar periódicamente abonos.

• FUNCIÓN. Su función es reponer y proveer a la planta de las sustancias nutricias necesarias para desarrollarse. Se obtienen en el mercado en diferentes estados: líquidos, en forma de pastillas o de bastoncillos.

• USO. Su uso favorecerá la floración y la aparición de los frutos.

◀ *Muchas especies vegetales pueden desarrollarse perfectamente en un medio acuático.*

▲ *Para que una planta pueda dar sus frutos, además de facilitársele la fecundación, debe tener en su suelo los nutrientes que le den las energías necesarias con las que pueda formar esas estructuras.*

La gardenia, por ejemplo, es una de las plantas que requiere suelo ácido por ello es recomendable agregar, cada 7 o 10 días, unas gotas de vinagre al agua de riego.

Gran parte del cloro que hay en el agua corriente puede ser eliminado dejando descansar ésta durante 24 horas antes de usarla para regar los tiestos.

▲ *Se desaconseja el riego con aguas duras.*

PROCEDIMIENTOS PARA QUITAR LA CAL

- AÑADIR TURBA DESMENUZADA. Hay que añadir al agua un poco de turba desmenuzada y dejar que repose durante toda la noche.

- AGREGAR FERTILIZANTES. Se añade al agua un fertilizante mineral, por ejemplo fosfato, y se deja reposar unas 12 horas.

- USO DE PRODUCTOS CON ÁCIDO OXÁLICO. Se pueden utilizar productos preparados a partir de ácido oxálico, que se venden en tiendas especializadas. Agregados al agua eliminan gran parte de la cal.

- EMPLEAR FILTROS DE AGUAS DURAS. De este modo se obtendrá un agua más apta para el riego.

Los cuidados de las plantas

LAS PLANTAS Y SUS CUIDADOS

◀ *Además de los factores ambientales, temperatura e iluminación, es imprescindible que la tierra tenga el grado de humedad adecuado a cada especie.*

A LO LARGO DE MILLONES de años los seres vivos, tanto vegetales como animales, han evolucionado hacia formas cada vez más complejas a medida que se adaptaban a las características del medio ambiente. Un claro ejemplo de ello son los cactus, que modificaron las hojas hasta convertirlas en espinas, reduciendo de este modo la superficie de evaporación.

El resultado de ello es que, a pesar del intenso calor del lugar en que se encuentren, pueden retener agua en sus troncos y evitar la deshidratación.

Tras adquirir una planta, lo primero que hay que hacer es buscarle el sitio más adecuado dentro de la casa. Para encontrarlo, hay que tener en cuenta varios parámetros:

● ILUMINACIÓN. Será necesario que el lugar que se le destine reciba una luz adecuada. Algunas plantas necesitan recibir la luz solar directa y otras, por el contrario, necesitan sombra todo el día. De modo que habrá que tener en cuenta cuáles son las necesidades de la planta al respecto.

● TEMPERATURA. Algunas plantas de interior resisten más que otras el frío, por eso habrá que tener en cuenta la especie para buscar lugares más o menos abrigados.

▶ *El ventanal colocado en el techo de este invernadero permite regular la entrada de luz.*

▲ *La luz tamizada que brinda la proximidad con la ventana es adecuada para esta* Kentia sp. *(palma del paraíso).*

Lo que no es aconsejable para ninguna de ellas son las corrientes de aire, por eso no es conveniente que estén en línea entre una ventana y una puerta.

• HUMEDAD DEL AIRE. Para humidificar el ambiente, en caso de que fuera necesario, se puede poner el tiesto sobre un plato con guijarros y agua.

También es aconsejable pulverizar las hojas, sobre todo de plantas como los helechos, que necesitan de mucha humedad.

El empleo de humidificadores o la costumbre muy extendida de poner recipientes con agua en los radiadores, sin duda puede ayudar a crear una atmósfera más sana para las distintas especies de plantas de interior.

• HUMEDAD DE LA TIERRA. Las plantas proceden con diferentes tipos de suelo, algunos más porosos y permeables que otros, cuya retención del agua no es siempre la misma. Es necesario tenerlo en cuenta a la hora de establecer las rutinas de riego.

▲ *Para adaptarse a la sequía, las cactáceas han reducido sus hojas a espinas.*

LA LUZ

PARA CUALQUIER PLANTA la luz es fundamental ya que es uno de los elementos necesarios para el proceso de fotosíntesis.

Si no hay luz, el vegetal no puede transformar las sales minerales que absorba en material orgánico. Sin ellos, no podrá crear sus propias estructuras: troncos, hojas, vasos, raíces...

No todas necesitan la misma cantidad de luz, pero ninguna puede vivir permanentemente a oscuras.

Cuando una planta sufre la falta de iluminación, enferma y al hacerlo presenta síntomas que es importante reconocer. (*Véase* recuadro.)

SÍNTOMAS MÁS COMUNES DE UNA PLANTA ENFERMA

- Aspecto pobre, pálido y frágil.

- Alargamiento excesivo del tallo; crece frágil, amarillento y muy delgado.

- Ausencia de flores.

- Caída de las hojas.

- Debilitamiento general; aunque se la riegue las hojas no terminan de adquirir una consistencia firme y sana. Si la falta de luz no se corrige, el ejemplar terminará por morir.

HOJAS AMARILLENTAS
El color amarillento de las hojas puede ser síntoma de riego excesivo.

QUEMADURAS
Las quemaduras por sol directo provocan manchas marrones en las puntas.

CAMBIOS DE TEMPERATURA
Dichos cambios pueden provocar la caída de las hojas.

FALTA DE ABONO
Las hojas pálidas y la falta de crecimiento señalan la falta de abono.

Teniendo presente que la mayoría de las plantas de interior son oriundas de los bosques y selvas tropicales y subtropicales, se comprende que no les convenga recibir la luz directa del sol.

En su medio natural, la mayoría de las plantas viven al resguardo de sus rayos bajo la copa de frondosos árboles de manera que algunas viven en una penumbra casi permanente habitualmente.

Si se ha de poner una planta próxima a una ventana, es conveniente saber primero si dicha planta va a resistir o no la luz directa del sol y en qué condiciones.

Tipos y calidad de luz

A lo largo del año, la intensidad de la luz solar varía; otro tanto puede decirse de los cambios que experimenta en el transcurso del día.

En invierno es menos intensa que en verano y por la mañana, cuando el sol aún se halla más próximo al horizonte, es más débil que a mediodía, cuando ocupa la vertical a la tierra.

Estos factores hay que tenerlos presentes a la hora de emplazar los tiestos, sobre todo en la proximidad de las ventanas.

Es conveniente poner en las habitaciones orientadas hacia el sur las que necesiten más luz y en las orientadas hacia el norte, aquellas que deban protegerse de los rayos solares directos o que tengan una menor tolerancia a la intensidad luminosa. En caso de que la luz fuera más bien escasa, es posible aumentar la luminosidad colocando un mantel blanco sobre el mueble en el cual se ponga la maceta; los tonos claros, tanto en el mobiliario como en las paredes, aumenta la luminosidad de la estancia.

Las plantas buscan por sí solas la luz, de manera que, a veces, sus tallos se inclinan exageradamente hacia la fuente luminosa desequilibrando su crecimiento. Para evitar este problema, bastará girar el tiesto cada cierto tiempo a fin de que la luz le dé en todas sus partes y pueda desarrollarse equilibradamente.

Cuando la luz es insuficiente, el tallo crece mucho a lo largo ya que la planta busca la iluminación que necesite. Esto debilita la estructura, pero una vez que tiene luz adecuada, el tallo engrosará.

Para que las plantas florezcan deben estar en lugares muy iluminados, aunque no necesariamente con sol directo.

▲ Las plantas siempre buscan la luz inclinando su tallo. Incluso, en algunas ocasiones, este hecho provoca un desarrollo anormal de la planta.

▲ *Con la cantidad de luz artificial adecuada, es posible cultivar hermosos ejemplares de interior.*

Si se observa que una planta presenta síntomas de falta de luz, habrá que cambiarla a otro lugar más iluminado, pero no de una forma brusca sino paulatinamente ya que la planta deberá adaptarse poco a poco a unas condiciones más favorables.

La luz artificial

Aunque siempre es preferible la luz natural a la artificial, se puede utilizar esta última como complemento, sobre todo cuando no se cuenta con un espacio iluminado de forma natural. Básicamente se pueden encontrar tres tipos de lámparas:

• BOMBILLAS. Dan una iluminación comparativamente pobre y, por el contrario, bastante calor.

Para que tengan un mínimo efecto sobre la planta ésta debería estar muy próxima, lo cual no siempre es conveniente por el calentamiento que produce.

• TUBOS FLUORESCENTES. La iluminación que proveen es bastante más intensa que la de las bombillas y producen menos calor, de ahí que sean preferibles a éstas.

• LÁMPARAS MIXTAS. La luz de estas lámparas es la más parecida a la solar ya que combinan la luz blanca del tubo fluorescente con la amarillenta, típica de las bombillas.

▲ *Las necesidades lumínicas de las diferentes especies son muy diversas. Este Codiaeum variegatum (crotón), originario de Malasia, crece a pleno sol.*

LA LUZ QUE NECESITAN LAS PLANTAS

PLANTAS QUE NECESITAN EL SOL DIRECTO

- Piña tropical.
- Athurium.
- Caladio.
- Crotón.

PLANTAS QUE NECESITAN ILUMINACIÓN DIFUMINADA

- Afelandra.
- Begonia.
- Clivia.
- Tronco de Brasil.
- Poto.
- Coleo.
- Ciclamen.
- Flor de Pascua.

PLANTAS QUE NECESITAN SOMBRA

- Maranta.
- Culantrillo.
- Aspidistra.
- Aralia.
- Cintas.
- Costilla de Adán.
- Helecho nido.

▲ *Para crecer adecuadamente, el* Caladium sp. *(caladio) necesita estar en un lugar donde reciba los rayos directos del sol.*

▲ *Entre las plantas que necesitan una iluminación tenue, difuminada, se incluye* Aphelandra squarrosa *(afelandra), una hermosa especie originaria de Brasil.*

▲ *El* Adianthum capillus-veneris *(culantrillo), como todo helecho, prefiere los lugares sombríos y la luz indirecta.*

EL RIEGO

HAY PERSONAS QUE parecen estar dotadas de un especial talento para la jardinería: planta que cuidan, planta que crece, se repone o florece.

Otras, por el contrario, aseguran no tener mano para las plantas ya que todas las que adquieren terminan muriendo en un tiempo considerablemente breve.

Es evidente que estas últimas, aun cuando se preocupan de cuidar lo mejor posible a la planta, cometen fallos que, a la larga, resultan fatales como, por ejemplo, el exceso de riego.

Se puede afirmar que una de las causas más comunes de muerte en plantas de interior es el exceso de agua o la falta de un buen drenaje.

A la hora de hacer el primer riego, hay que comprobar que el agua pueda salir por los agujeros inferiores de la maceta para que la tierra se humedezca sin llegar a encharcarse ya que, si así fuera, las raíces correrían el riesgo de pudrirse y los hongos de la tierra proliferarían dañando la planta.

Para conseguir que tengan un drenaje adecuado y no mueran por exceso de riego, se pueden poner piedrecillas o grava en el fondo del tiesto; a este propósito también sirven los trozos de macetas rotas.

Hay que tener la precaución de no obstruir los agujeros sino usar las piedras para que éstos no se tapen con la tierra.

La cantidad de agua que necesita cada planta no siempre es la misma, de modo que no hay una regla que se pueda fijar para cada especie. Lo importante es tener siempre en cuenta que, en lo tocante al riego, más vale pecar por defecto que por exceso.

Sólo la experimentación y la observación podrán servir de guía para saber cuándo hay que regar y cuándo no.

El aspecto de las hojas, por ejemplo, puede tomarse como un indicio claro: si han perdido brillo, tienen un color más bien apagado, pierden consistencia o caen lacias, es probable que necesiten más agua. Si se ponen amarillas, es casi seguro que sufren de un exceso de riego.

▲ Aunque hay plantas que necesitan mucha humedad, es necesario dejar que la tierra se seque.

Tipos de riego

FAMILIA DE LAS BROMELIAS

Hay que señalar que algunos ejemplares originarios de las selvas húmedas y calurosas, como por ejemplo los pertenecientes a la familia de las bromelias, necesitan una forma de riego especial: si la temperatura ambiente es superior a los 20 °C, el centro de la roseta debe estar ocupado por agua. Por este motivo, además de regar la tierra se deberá echar agua también en la roseta, valiéndose de una regadera de pico largo.

ESPECIES QUE NO TOLERAN LA HUMEDAD

No todas las plantas necesitan ser pulverizadas con agua periódicamente para que crezcan de forma adecuada y se mantentan lozanas y sanas. Algunas, por diversas razones, no toleran la humedad en sus hojas, de modo que a la hora de regarlas, se deberá tener un especial cuidado apartándolas para que no se mojen. Si se utiliza una regadera de pico largo y estrecho, esta operación se realizará con mayor facilidad.

UNA MACETA SOBRE OTRA MACETA

La tierra de la mayoría de las especies debe mantenerse húmeda pero sin llegar a encharcarse. Una forma de conseguirlo es utilizar alguno de los diversos métodos destinados a prolongar la humedad en el tiesto. Uno de ellos, muy cómodo y efectivo, consiste en poner la maceta que contiene la planta en un recipiente mayor, rodeándola de musgo o turba humedecidos.

PULVERIZANDO LAS HOJAS

Debido a su lugar de origen, normalmente selvático, algunas especies requieren un alto grado de humedad ambiental que se consigue pulverizando regularmente sus hojas. Las bromelias, por ejemplo, tienen necesidades hídricas muy altas que se satisfacen tanto con el riego como con las pulverizaciones. Entre las especies más sensibles a la sequedad ambiental se puede citar *Neoregelia carolinae* (nidulario).

▲ *Las cactáceas necesitan poco riego. Sus hojas se han transformado en espinas para evitar la excesiva evaporación.*

Algunas plantas necesitan que su sustrato esté siempre húmedo; para comprobar su grado de humedad, se puede meter el dedo en un borde de la maceta.

Sin embargo, la mayoría de las plantas de interior prefieren un riego copioso (contando con un adecuado drenaje) pero espaciado; es decir, no volver a regar hasta que la tierra no dé muestras de sequedad.

Formas de riego

Para saber la cantidad de agua que debe echarse en una planta, lo primero que debe saberse es a qué especie pertenece y cuáles son sus necesidades.

● SUELO SIEMPRE EMPAPADO. Hay especies que necesitan mucha agua, de modo que es necesario mantener la tierra siempre empapada. Ejemplo de estas plantas son el espatifilo, la diefembaquia, el beloperone o el papiro.

● RIEGO DESDE LA RAÍZ. Hay plantas a las que no conviene regar por arriba sino ponerles debajo del tiesto un plato con agua durante un rato. Una vez que parte o toda el agua del plato haya sido absorbida por las raíces, deberá ser retirado. Se riegan con este método las azaleas, las begonias, el brezo, el ciclamen, el culantrillo, el espatifilo y la violeta africana.

● RESERVA DE AGUA. La parte central de la roseta de las bromelias, plantas tropicales muy sensibles a la sequedad del clima, les sirve para acumular agua que utilizan para formar los reservorios de sus hojas.

Es necesario que ese hueco siempre tenga agua para que la planta se mantenga lozana. Conviene también rociar sus hojas con bastante asiduidad.

Consejos para un riego inteligente

CUANDO CRECEN, NECESITAN ALIMENTO. Las plantas pasan por períodos de reposo, en los cuales apenas crecen y otros en los que, por el contrario, ganan en altura y frondosidad.

● LA FLORACIÓN EXIGE UN ESFUERZO EXTRA. La flor es un órgano reproductor; de su interior saldrán las semillas que generarán una nueva planta. Por esta razón, desde que aparecen los primeros capullos hasta la creación de los frutos es necesario regar asiduamente.

● EN INVIERNO LA EVAPORACIÓN ES MENOR. Los riegos deberán espaciarse. Es conveniente regar a primeras horas de la mañana para facilitar el secado y la evaporación durante el día. En las noches, más frías, el agua podría congelarse y dañar las raíces.

• LOS CAMBIOS DE TEMPERATURA AFECTAN A LAS PLANTAS. No conviene utilizar agua demasiado fría para regar o pulverizar.

• LAS PLANTAS Y EL AGUA. Es preferible que una planta pase sed a que se ahogue. Si no se tiene demasiada experiencia en el cuidado de plantas, conviene espaciar los riegos. En el momento en que las hojas estén lacias y sin vida, se echa un poco de agua en el tiesto de modo que la tierra quede bien humedecida. Si los restos de agua no salen por el agujero inferior, hay que revisar el drenaje.

• ELIMINAR EL CLORO DEL AGUA. También hay que asentar la cal. Para ello, se debe poner el agua de riego en la regadera y dejarla en reposo 24 horas. A la hora de utilizarla, hay que desechar el último chorro que será el que más cal contenga. Introduciendo en ella algún fertilizante mineral (por ejemplo, fosfatos), se consigue reducir el porcentaje de cal. A menudo, el exceso de calcio mancha las hojas de blanco o los tiestos de barro.

Algunas plantas necesitan altos porcentajes de carbonato de calcio para crecer, las acidófilas, por el contrario, se ven afectadas negativamente por la excesiva dureza del agua. Es importante conocer las características de cada ejemplar en el momento de comprarlos para que, desde un principio, se le prodiguen los cuidados necesarios.

• REDUCIR LA DUREZA DEL AGUA. Otro método para conseguir un agua de riego más blanda consiste en hervirla. También se le pueden echar unas gotas de limón o vinagre, sobre todo a la hora de regar plantas que, como las gardenias, necesitan un suelo ácido.

• TIESTOS DE PLÁSTICO. Los tiestos de plástico son los que retienen el agua por más tiempo que los tiestos de barro.

Se debe tener en cuenta, sobre todo después de cambiar la planta de tiesto.

• PROLONGAR LA HUMEDAD DE LA PLANTA. Hay que introducir la maceta en un recipiente de mayor tamaño que contenga también musgo o turba humedecidos.

• HAY PLANTAS CUYAS HOJAS NO SOPORTAN LA HUMEDAD. Lo aconsejable es regarlas con una regadera de pico fino, sin aspersor, cuidando de no mojar las hojas.

• NECESIDADES DE LOS CACTUS. Los cactus necesitan un suelo rico y bien drenado, pero con poco riego, sobre todo en invierno.

• LA PULVERIZACIÓN DE LAS HOJAS. La pulverización es importante para aquellas plantas que, como el poto o el filodentro, tienen raíces adventicias en los tallos y se nutren por ellas.

▶ Cuando se riegue un ejemplar de Cyclamen persicum (Ciclamen), debe tenerse cuidado de no mojar sus hojas.

Abonos. Plantas bien alimentadas

L AS PLANTAS SE ALIMENTAN de diferentes sales y compuestos orgánicos e inorgánicos que se encuentran en el suelo.

Estas sustancias son, además de sales minerales, materia orgánica producto de la descomposición de vegetales y animales que se encuentran en la zona.

Por ello, aunque la planta absorba los nutrientes de una porción de terreno, siempre habrá nuevos elementos que se vayan agregando (hojas que caen de los árboles, insectos que mueren, bacterias, etc.).

Con las plantas de interior no ocurre lo mismo ya que estos productos en descomposición no llegan a la maceta. Por esta razón, es necesario utilizar fertilizantes que repongan los elementos que han sido ya absorbidos y agotados.

▲ Es necesario reponer, cada tanto, los nutrientes del sustrato que la planta haya agotado durante su crecimiento. El abono más indicado para esta vid canguro, por el verdor de sus hojas, es el que posee un alto contenido en nitrógeno.

▲ A las plantas con flores les conviene ser abonadas antes de la floración.

Dieta básica

Los nutrientes esenciales e imprescindibles, para que toda planta pueda crecer y mantenerse viva, son trece. Si alguno de ellos faltara completamente del suelo, ésta moriría.

Estos elementos se dividen en dos categorías: macronutrientes, que son los que la planta absorbe en grandes cantidades, y micronutrientes, que son absorbidos en pequeñas dosis.

• MACRONUTRIENTES. Nitrógeno, fósforo, potasio, calcio, magnesio y azufre.

Las plantas absorben estos elementos en grandes cantidades, sobre todo los tres primeros.

• MICRONUTRIENTES. Hierro, cinc, manganeso, boro, cobre, molibdeno y cloro.

También se los conoce por el nombre de oligoelementos y para el desarrollo y vida de las plantas son tan esenciales como los macroelementos.

Uso de fertilizantes según su composición

Los vegetales utilizan los nutrientes específicos para construir los diferentes tejidos de su estructura, de la misma manera que el cuerpo humano, por ejemplo, usa el calcio para formar con él y otros componentes, los huesos.

Para las hojas abundantes y lustrosas se emplean los fertilizantes que contengan nitrógeno, ya que este elemento es el adecuado para aquellas plantas cuyo máximo interés esté en las hojas, ya sea por su tamaño o por su profusión. Normalmente se venden como «fertilizantes para plantas verdes».

Para que una planta tenga flores abundantes es necesario que en su suelo, además de nitrógeno, haya mucho potasio y fósforo, ya que son componentes esenciales para la floración. Por ello las azaleas, prímulas, violetas africanas o plantas cuyo mayor atractivo son las flores, deben ser abonadas con compuestos ricos en estos elementos justo antes de que se inicie la floración.

Estos fertilizantes se suelen comercializar bajo el nombre de fertilizantes para plantas con flores.

A las plantas con hojas coloreadas conviene aplicarles abono líquido o granulado, sobre todo en primavera y verano. También hay fertilizantes destinados a mejorar un suelo al que le falte alguno de los elementos esenciales.

Los suelos calizos, por ejemplo, no suelen tener hierro soluble y algunas plantas, como por ejemplo las azaleas, son muy sensibles a la falta de este mineral. Si están plantadas en estos suelos sus hojas se vuelven amarillas o las flores no tienen el color adecuado, etc.

La forma de enriquecer con hierro la tierra de sus tiestos es añadiéndole quelato de hierro, un fertilizante que se adquiere en las tiendas especializadas. Todos estos fertilizantes se comercializan en diferentes formatos:

• ABONOS LÍQUIDOS. Se venden embotellados y se van mezclando con el agua de riego. Son los de uso más común para las plantas de interior. Conviene usar dosis un poco más bajas que las indicadas por el fabricante, sobre todo al principio y hasta que no se comprueben sus efectos.

Los fertilizantes líquidos son de aplicación y absorción inmediata.

▲ El potasio y el fósforo son los minerales más apropiados para el desarrollo de las plantas con flor.

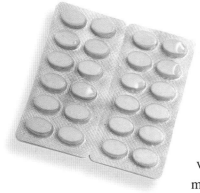

Lo usual es echarlos una vez cada diez o cada quince días durante los meses de primavera y verano, una vez al mes en otoño y dejar reposar en invierno.

● ABONOS FOLIARES. Son fertilizantes líquidos que son absorbidos por la planta a través de las hojas. Se mezclan con agua y, con ella, se pulveriza el vegetal. Comúnmente se usa en las plantas epífitas: bromelias y orquídeas, por ejemplo.

● ABONOS DE DESCARGA LENTA. Se comercializan en forma de gránulos, clavos, bastoncitos o pastillas que se mezclan o clavan en la tierra.

Cuando entran en contacto con la humedad del sustrato, liberan las sustancias nutritivas que contienen, poco a poco a lo largo de semanas.

Si la necesidad de fertilizar coincide con el momento de trasplante, se puede mezclar el abono granulado junto al compost que se pondrá en la nueva maceta.

Cuándo no debe abonarse

La fertilización es beneficiosa siempre y cuando se haga en el momento y con la periodicidad oportunos.

Sin embargo, no hay que abonar en los siguientes casos.

● SUPRIMIR EL ABONO EN PERÍODO DE REPOSO VEGETATIVO. Una vez que reanude su crecimiento, será el momento más adecuado para proveerle de nutrientes.

● LAS PLANTAS QUE ESTÁN EN FLORACIÓN. Siempre se debe abonar antes de que empiecen a formarse los capullos o bien cuando aparecen los primeros, pero nunca cuando las flores ya están abiertas.

● LAS PLANTAS PEQUEÑAS Y JÓVENES. Estas plantas, ya sean obtenidas por medio de semillas, acodos, brotes o cualquier otro medio, no deben ser abonadas.

Es preferible esperar a que crezcan y adquieran sus propias características antes de darles alimento extra.

● PLANTAS FLORECIDAS EN INVIERNO. La flor de Pascua crece en invierno y no se abona en primavera sino en otoño, antes de que le salgan las flores.

● NO APLICAR NUNCA EL ABONO LÍQUIDO SIN DILUIR. Si se aplicara de este modo se provocaría un daño irreparable en las raíces.

▲ En el mercado se venden diferentes compuestos fertilizantes apropiados para cada tipo de planta.

SÍNTOMAS RELACIONADOS CON PROBLEMAS DE NUTRICIÓN

El exceso de abono puede ser tan perjudicial como la carencia y en ambos extremos la planta que los sufre presenta síntomas más o menos claros.

SI LA TIERRA ESTÁ AGOTADA

- Las hojas pierden su color y su luminosidad; se vuelven opacas.

- La planta tiene una apariencia débil; se le caen las hojas, no crece ni se hace frondosa.

LA PLANTA EXCESIVAMENTE ABONADA, DA LUGAR A SÍNTOMAS QUE PUEDEN RESULTAR CONFUSOS

- Las hojas amarillean y se caen.

- Los tallos se hacen excesivamente altos pero frágiles.

- Aparecen partes quemadas en la planta.

- Si el exceso es de nitrógeno, la planta probablemente generará muchas hojas pero pocas o ninguna flor.

PÉRDIDA DE COLOR
Si una planta no tiene los suficientes nutrientes, sus hojas perderán color.

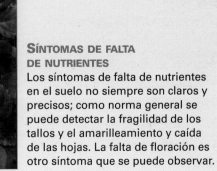

SÍNTOMAS DE FALTA DE NUTRIENTES
Los síntomas de falta de nutrientes en el suelo no siempre son claros y precisos; como norma general se puede detectar la fragilidad de los tallos y el amarilleamiento y caída de las hojas. La falta de floración es otro síntoma que se puede observar.

LIMPIEZA

▲ *En la naturaleza, los agentes atmosféricos como el viento o la lluvia evitan la acumulación del polvo en las hojas.*

LAS PLANTAS DE EXTERIOR, que están en contacto con el viento, la lluvia, el rocío o los insectos, no necesitan limpieza ya que estos elementos, al moverlas, impiden que el polvo se acumule en sus hojas.

Las que se encuentran en el interior de una casa no tienen estas ventajas, razón por la cual hay que limpiarlas ya que el polvo acumulado en sus hojas les impide respirar adecuadamente.

En las plantas de hoja grande, como las monsteras, diefembaquias, filodentros o clivias, la limpieza se debe hacer con un paño humedecido en agua templada.

Se sostendrá la hoja con una mano mientras, con la otra, se le pasa el paño por ambas caras.

Las plantas de tengan hojas pequeñas y frágiles, por ejemplo el ficus benjamín, la columnea o la camadorea, se limpiarán mejor pulverizándolas con agua a temperatura ambiente. Si tienen flores, será necesario poner delante de éstas un plástico o cartulina para que la humedad no las deteriore. También se las puede poner bajo una ducha suave, sobre todo cuando dan muestras de padecer de falta de riego.

Hay especies a las que no se les deben mojar las hojas, como por ejemplo las violetas africanas, ya que tienen una pelusa que les sirve de protección y que se eliminaría al frotarlas o mojarlas. En este caso lo aconsejable es quitarles el polvo con un pincel seco de cerda suave.

En el mercado hay productos abrillantadores que dan lustre a las hojas, pero si la planta está sana y bien cuidada, tendrá las hojas brillantes. Estos productos no son recomendables ya que pueden obstruir los poros y resultar, a la larga, perjudiciales.

Los cactus se pueden limpiar con un pincel o con un chorro de aire comprimido.

En las zonas donde el agua sea calcárea, muy dura, después de quitar el polvo a las hojas con una esponja o paño húmedo es conveniente secarlas con papel absorbente ya que el agua, cuando se evapora, puede dejarles manchas blanquecinas que estropearán su aspecto.

Otra posibilidad para quitar el polvo de las plantas que no tengan excesivo volumen es sumergir su parte aérea en un cubo con agua.

▲ *Aunque en el mercado hay productos abrillantadores que dan lustre a las hojas, si la planta está bien cuidada, como esta* Begonia Elatior *(Begonia de flor) no los necesita.*

La poda

Para que la planta guarde el aspecto aseado, limpio y sano, hay que quitarle las hojas a medida que se vayan secando; de este modo se favorece también su ventilación y se propicia la creación de nuevos brotes.

Las hojas y ramas secas se pueden quitar con ayuda de unas tijeras o, si son pequeñas, con la mano pero teniendo mucho cuidado de no dañar las yemas. Si se quiere cortar la parte seca de una hoja grande, habrá que cortar siempre por la parte marrón para no dañar la zona verde, la zona viva.

Pero la poda no sólo sirve para quitar las hojas deterioradas; también tiene por objeto conseguir ejemplares más frondosos, regular el crecimiento de las plantas o reforzarlas para que crezcan con mayor vigor.

Una de las técnicas de poda es el pinzado; consiste en cortar la yema terminal, colocada en la punta, a fin de estimular el crecimiento de las yemas laterales.

Las plantas que se cultivan con forma redonda necesitan po-

▲ *Las plantas con pinchos se pueden limpiar en seco con un pincel.*

das frecuentes que impulsen su crecimiento en el sentido adecuado. También es aconsejable podar las trepadoras que tienen uno o dos tallos largos, para que le salgan más ramas próximas a la base y mejoren así su aspecto.

La poda también soluciona el crecimiento desordenado y desparejo de una planta. Para ello hay que cortar las ramas, dándole forma, siempre por encima de una yema, ni demasiado cerca ni demasiado lejos de ésta.

El corte deberá ser sesgado, hacia abajo a partir de la yema. Estas ramas que se corten pueden ser utilizadas para obtener nuevos ejemplares.

Si se desea un crecimiento de la planta hacia lo alto, se pueden eliminar algunos brotes laterales.

Cuando la floración termine, será necesario eliminar las flores marchitas para que la savia pueda redistribuirse en las zonas vivas de la planta y así favorecer la aparición de nuevos brotes.

LIMPIEZA DE HOJAS GRANDES
Los ejemplares con hojas grandes se pueden limpiar adecuadamente con una esponja suave, humedecida con agua. No conviene utilizar abrillantadores pues impiden que la planta realice correctamente las funciones de respiración y transpiración.

UTENSILIOS DE LIMPIEZA Y PODA

- ● ESPONJA SUAVE. Para limpieza de hojas grandes.

- ● BASTONCILLOS CON PUNTA DE ALGODÓN. Humedecidos, permiten quitar el polvo de los resquicios; por ejemplo del lugar de unión de las hojas con el tallo en las kentias. Si se sospecha la presencia de plagas, se puede pasar humedecido en una mezcla de agua y alcohol o bien impregnado en insecticida.

- ● PINCEL. Para limpieza en seco de hojas con vello.

- ● PULVERIZADOR. Para quitar el polvo de las plantas de hoja pequeña.

- ● TIJERAS NORMALES. Para cortar las hojas, flores y pequeñas ramitas que se han secado.

- ● TIJERAS DE PODAR. Para cortar ramas gruesas y troncos.

HOJAS DE ZONAS CALCÁREAS
Si el agua que se utiliza para limpiar las hojas procede de una zona de aguas calcáreas, una vez pasada la esponja conviene repasarlas con un paño seco y suave para que no aparezcan en ellas manchas blancas.

RETIRAR FLORES SECAS
En los ejemplares que florecen, conviene retirar no sólo las hojas que han marchitado sino también las flores secas o con mal aspecto. Esto conviene hacerlo con tijeras pequeñas para no causar daño a la planta.

ELIMINAR LAS HOJAS BASALES
A medida que la planta crece, las hojas basales tienden a marchitarse y deben ser eliminadas. Mientras siguen marchitándose, van consumiendo algunos nutrientes que pueden ser aprovechados otras partes del vegetal.

LIMPIEZA DE PLANTAS PEQUEÑAS
Si la planta es pequeña, de poco volumen, la limpieza de sus hojas se puede realizar sumergiendo su parte aérea en un cubo con agua que no esté demasiado fría. Esto se podrá hacer siempre y cuando no tenga hojas aterciopeladas.

CAMBIO DE MACETA

▲ A medida que la planta crece, que desarrolla tallos y hojas, también desarrolla sus raíces de modo que éstas ocupan un volumen cada vez mayor. Por esta razón es necesario, cada cierto tiempo, trasplantarlas a un tiesto más grande. Los síntomas que anuncian que el tiesto está quedando pequeño son el escaso crecimiento del ejemplar y la disminución de tamaño en las hojas.

EN LAS PLANTAS DE INTERIOR, no sólo crecen el tallo y las hojas; también se desarrollan las raíces, que están bajo tierra, a fin de poder cumplir más efectivamente con su misión de absorber nutrientes e iniciar su distribución hacia las zonas aéreas del vegetal.

Llega un momento en que la masa de raíces es lo suficientemente grande como para ocupar la mayor parte del espacio del tiesto, con lo cual la tierra que hay en él se vuelve insuficiente. Cuando esto sucede, las hojas se hacen más pequeñas y las partes aéreas de la planta crecen con mayor dificultad, por lo tanto lo aconsejable es cambiarla de maceta.

No todas las plantas necesitan la misma cantidad de tierra; algunas llegan a su estado adulto de máximo crecimiento en tiestos pequeños y no es necesario cambiarlas a otro mayor. Sin embargo, es conveniente hacer una operación similar al trasplante y aprovecharla para añadir tierra nueva o compost, a fin de reponer los nutrientes que se hayan agotado.

Cada planta desarrolla sus raíces de una manera propia; las cintas (*Chlorophytum comosum*) y la esparraguera (*Asparagus densiflorus*) tienen grandes rizomas, que se desarrollan rápidamente llegando a salir, incluso, del tiesto.

Otras, como el ficus y la sanseviera, tienen raíces mucho más pequeñas y pueden permanecer en un mismo tiesto durante largo tiempo. Es importante aclarar que un tiesto mayor no significa una oportunidad para que la planta crezca con mayor rapidez; por lo general ocurre al contrario: si la maceta en la cual se

▲ *Debido a su tamaño, los bonsáis requieren un tipo de maceta o bandeja especial, que contenga poca tierra y disponga de un excelente drenaje.*

ha puesto es demasiado grande, destina sus energías a desarrollar raíces retrasando así el crecimiento de hojas y tallos.

Para calcular el tamaño de la nueva maceta hay que pensar que si la planta es de crecimiento rápido deberá tener unos cinco centímetros más de diámetro que la anterior, y si es de crecimiento lento, bastará con una que tenga dos centímetros más.

La época más adecuada para hacer estos cambios es la primavera y la operación de trasplante es mejor repetirla cada uno o dos años para que el ejemplar se desarrolle con todo su potencial.

Cómo efectuar el cambio de tiesto

Para que la planta no sufra deterioros durante el cambio de tiesto, es necesario seguir ciertos pasos.

● REGAR LA PLANTA CON NORMALIDAD. Se riegan unas horas antes de hacer el cambio de tiesto para que la tierra esté compacta y el cepellón de raíces no se parta ni se desmenuce.

● EL RECIPIENTE SERÁ NUEVO. El recipiente que albergará la planta debe ser nuevo o, en su defecto, estar perfectamente limpio. Si ha sido ocupado anteriormente por otra planta, deberá recibir un lavado a fondo ya que pudiera contener bacterias, plagas o elementos que pudieran ser perjudiciales. Es aconsejable desinfectarlo el día anterior al trasplante y luego enjuagarlo con abundante agua.

● PONER PIEDRAS O TROZOS DE MACETA. En el nuevo recipiente unas piedras o trozos de maceta, con la parte cóncava hacia abajo, para que la planta tenga un buen drenaje. Se verifica que no obstruyan los agujeros del tiesto.

● CUBRIR CON TIERRA FINA. Se deben cubrir las piedras con una capa fina tierra mezclada con arena o grava.

● TIESTOS EMPLEADOS. Si el tiesto donde está la planta es de plástico, comprimirlo un poco desde los costados para que la tierra se despegue de las paredes. Si es de barro, dar unos golpecitos con el mismo fin.

●CAMBIO DE MACETA. Hay que apoyar la palma de la mano sobre la superficie de la tierra y, tomando el tiesto con la otra mano, ponerlo boca abajo y luego retirarlo sacando la planta con cuidado para no dañar las raíces.

●QUITAR LA TIERRA. Se sacude con cuidado la planta a fin de quitarle un poco de tierra de la superficie y la que rodea las raíces, ya que está agotada y no tiene nutrientes.

●PONER LA PLANTA EN EL NUEVO TIESTO. Se rellena el espacio sobrante con compost y se presiona la superficie de tierra y dejar entre ésta y el borde de la maceta unos dos dedos.

●REGAR ABUNDANTEMENTE. Hay que comprobar que el agua sale por los agujeros de la base del tiesto.

Si no fuera así, sacar la planta del tiesto y reparar el drenaje.

●BÚSQUEDA DE UN LUGAR ADECUADO. Se deja la planta en un lugar con temperatura moderada y luz no demasiado intensa.

●SI LA PLANTA ESTÁ ENFERMA. Si la planta muestra signos de debilidad, no debe cambiarse de tiesto; lo aconsejable es esperar a que se recupere y luego realizar el trasplante.

● SI LA PLANTA TIENE MUCHOS BROTES DESDE LA BASE. Si así fuera, puede dividirse la masa de raíces y obtener, de esta manera, varios ejemplares nuevos.

Trasplante de plántulas

Cuando las plántulas que se han obtenido por esquejes, semillas, acodos o por cualquier otro método crecen lo suficiente, deben trasplantarse a tiestos individuales.

A tal efecto conviene preparar macetas de ocho a diez centímetros de diámetro en las que se pondrán unas piedras o trozos de tiesto en el fondo para permitir el drenaje y evitar que se pierda la tierra.

Encima de las piedras se coloca una capa de compost, que garantizará que la planta tenga los nutrientes necesarios para que crezca sana.

Sujetando la plántula por el tallo, entre el pulgar y el índice, se la saca con mucho cuidado del semillero y se la pone dentro del nuevo tiesto. Luego se rellena el recipiente con más compost, presionando un poco con la mano la superficie para compactarlo. Finalmente se riega la planta de forma normal, no excesiva, y se comprueba que el drenaje funciona bien.

▲ Las plántulas deben trasplantarse a un tiesto individual cuando las raíces que las sustentan están ya bien formadas.

CÓMO EFECTUAR EL CAMBIO DE MACETA

COLOCACIÓN DE PIEDRAS

Antes de poner el sustrato en la nueva maceta, se deben colocar piedras o trozos de teja sobre el agujero del drenaje; de este modo se evita la posibilidad de que la tierra o las raíces lo tapen.

RODEAR LA BASE

Apoyando la mano sobre la tierra, rodear la base de la planta sujetándola con los dedos índice y corazón. A continuación, dar unos golpes en el tiesto para desprender la tierra e invertirlo.

QUITAR CAPA SUPERFICIAL

Retirar la capa superficial de tierra e introducirla en el tiesto que se quiera utilizar.

RELLENO DE ESPACIO VACÍO

Rellenar el espacio vacío con compost nuevo, comprobando que no queden huecos sin cubrir.

PRESIONAR LA TIERRA

Presionar la tierra con los dedos hasta. Ésta debe quedar a uno o dos dedos del borde.

REGAR PARA QUE ASIENTE

Una vez que se haya emparejado la tierra, regar abundantemente para que se asiente y compacte.

EL CUIDADO DURANTE LAS VACACIONES

LAS PLANTAS NO SON OBJETOS a los que se puede desconectar; son seres vivos que necesitan cuidado durante todo el año. Por ello, a la hora de salir de vacaciones o de ausentarse aunque sea durante uno o dos días, debe buscarse la forma de suministrar a las plantas la luz, temperatura y riego adecuados.

Lo mejor es, sin duda, conseguir que algún vecino pase por la casa para regarlas y levantar las persianas, aunque sea por poco tiempo, para que reciban luz natural, sin embargo esto no es siempre factible de modo que habrá que buscar el método más apropiado, sobre todo para que no les falte agua.

▶ El calor del verano deteriora las plantas.

◀ ▲ A la hora de salir de vacaciones, será necesario tomar una serie de precauciones para que las plantas de interior tengan la luz y el agua necesarios para garantizar un desarrollo adecuado.

48

Succionador de agua

Existen numerosos métodos de riego que suministran la dosis de agua que la planta necesita; durante una ausencia larga es imprescindible instalar alguno de ellos. Normalmente se basan en un succionador de agua que se conecta por un tubo a la fuente de suministro; dicho succionador, debe quedar parcialmente enterrado en el compost. La fuente de suministro puede consistir en una bolsa impermeable que, una vez que se ha llenado de agua, se cuelga con un gancho del borde del tiesto. El extremo del tubo a ella conectado tiene un plomo para que se mantenga siempre en el fondo.

Sistema de autorriego doméstico

Otro sistema de autorriego eficaz consiste en preparar una bandeja de invernadero sobre la cual se dispongan las macetas. Junto a ésta, se coloca un recipiente con cantidad de agua suficiente como para alimentar a todos los ejemplares. La fuente de suministro y la bandeja se conectan entre sí por medio de una cinta a modo de mecha. Por efecto de la capilaridad, el agua fluirá desde el recipiente a la bandeja muy lentamente y durante largo tiempo.

Cuando se tienen pocos tiestos que regar

Cuando la cantidad de tiestos que se tienen que regar son muy pocos, no compensa comprar una bandeja de invernadero para desarrollar el método descrito anteriormente; si se dispone de una cubeta más o menos grande o se puede poner una mesa junto a la bañera, resultará fácil crear el siguiente sistema para proveer a las plantas el agua necesaria durante la ausencia. Consiste en llenar con agua la bañera o el recipiente elegido. Junto a él, se dispondrán los tiestos, cada uno con una mecha de tela inserta en el agujero de drenaje. El otro extremo de la mecha deberá dejarse en el agua con una piedra atada al extremo.

EN TIEMPOS CORTOS
Si el período durante el cual no se podrán regar las plantas es más bien corto, lo más conveniente es poner los tiestos en una bandeja que se habrá llenado previamente con grava empapada.

LA BAÑERA COMO DEPÓSITO DE AGUA
La bañera resulta un excelente depósito de agua, siempre y cuando se trate de ejemplares que admitan el riego a través del agujero de drenaje.

Cuando se tienen pocas plantas se pueden utilizar unos dispositivos que se venden en comercios especializados que consisten en un depósito de agua, un dispositivo de succión fabricado con material poroso y un tubo que une a ambos. El succionador se entierra en la maceta y, por capilaridad, absorbe el agua que la planta necesita. Este aparato es útil y cómodo, apto para largas ausencias.

Si las plantas van a quedar sin riego durante unos pocos días, se puede introducir cada tiesto en un recipiente mayor que contenga musgo o turba bien húmedos.

Otro sistema consiste en poner un recipiente con agua junto a la maceta, enterrar en ésta la punta de una tira de tejido absorbente y meter el otro extremo en el agua procurando que toque el fondo para que, a medida que el líquido se agote, la tira no llegue a secarse.

Si los tiestos a regar fueran varios, se puede poner un cubo grande lleno de agua y disponer las macetas alrededor, cada una con su mecha de tela conectada con el cubo de agua. Conviene introducir las mechas por el agujero de drenaje de los diferentes tiestos.

Quienes posean un invernadero o una terraza acristalada podrán fácilmente solucionar el problema:

• COLOCAR BANDEJAS. Se deben poner en la terraza bandejas lo suficientemente amplias como para contener todos los tiestos.

• RELLENARLAS CON GUIJARROS. Se pueden rellenar también con arcilla expandida, musgo o una mezcla de grava y arcilla. Sirve cualquier material que acumule humedad durante mucho tiempo.

• ENCHARCAR LAS BANDEJAS. Hay que comprobar que retienen el agua perfectamente.

• HAY QUE PONER LAS MACETAS SOBRE LAS BANDEJAS. El agua que se vaya evaporando creará en la terraza un microclima que proporcionará a las plantas la humedad necesaria.

Las bañeras y las pilas pueden ser excelentes depósitos para las plantas, siempre que en el lugar haya una iluminación adecuada y que se coloquen de tal manera que no estén en contacto directo con el agua.

La propagación

◀ *El helecho se reproducce por esporas.*

EL DOMINIO DE LAS DIFERENTES técnicas de reproducción de vegetales supuso uno de los adelantos más importantes para la humanidad, ya que permitió que el hombre abandonara la vida nómada y pudiera asentarse en comunidades agrícolas. A partir de entonces, el ser humano pudo evolucionar como sociedad y como especie.

52

Las formas de reproducción pueden ser dos tipos: la sexual y la asexuada.

• En la reproducción sexual intervienen dos células reproductoras de un mismo individuo o de dos diferentes, una masculina y otra femenina. A partir de la fecundación, la planta produce esporas o semillas que, al caer en terreno fértil, dan lugar a un nuevo ejemplar que tiene características heredadas de las plantas que le dieron origen.

• En la reproducción asexuada, en cambio, el ejemplar que surge es idéntico a la planta madre. Existen tres modos de este tipo de reproducción: por gemación o por esporas como es el caso de los hongos; por fragmentación de los filamentos como sucede en muchos tipos de musgos; y por estolones y rizomas que son tallos largos y muy finos que crecen cerca de la superficie y que darán origen a nuevas plantas.

▶ *La Chlorophytum comosum (cinta) es buen ejemplo de planta cultivada a través de la técnica de propagación a partir de estolones.*

Para que un ejemplar se pueda reproducir, sea por semillas, esquejes o por otro medio, debe tener en su entorno unas condiciones de humedad y temperatura favorables.

En las tiendas especializadas se venden aparatos que mantienen el compost a una temperatura adecuada para que los nuevos ejemplares que se quieren obtener crezcan fuertes y sanos.

El calor en la tierra puede conseguirse, como se verá más adelante, armando un cajón con tapa de cristal o de plástico que se pondrá en un lugar abrigado y luminoso sin sol directo; en él se guardarán los tiestos con las nuevas plantas.

▲ Las bulbosas se pueden adquirir en flor y aprovechar las floración de los bulbos, como ocurre en esta hermosa Dhalia Golden Torch (dalia).

Cultivos a partir de semillas

Este tipo de cultivos es una técnica sencilla que permite obtener diferentes especies. Una vez que la flor ha sido fertilizada, se forma el fruto. Dentro de éste, que puede tener diversas formas, están las semillas. Cuando el fruto está maduro se desprende de la planta y, de este modo, la semilla tiene más posibilidades de entrar en contacto con un suelo que tenga las condiciones de temperatura y humedad adecuadas para hacer que germine.

Adquisición de las semillas

Las semillas tienen un tiempo de vida y unos requisitos específicos de recolección y conservación. Por esto, a la hora de comprarlas es conveniente hacerlo en lugares de confianza.

Los paquetes de semillas que se adquieran deberán estar herméticamente cerrados,

ya que esa medida garantiza su conservación. Es importante fijarse en la fecha de envasado y, sobre todo, en la fecha de caducidad.

Una vez adquiridas deberán plantarse cuanto antes y, si es necesario guardarlas, habrá que hacerlo en un lugar seco y con temperatura estable.

▲ A partir de diminutas semillas, y una vez que la flor ha sido fertilizada, se forma el fruto.

▲ *Los estambres (color amarillo) constituyen el órgano masculino en muchas variedades.*

▼ *En la* Sempervivum *(siempreviva) separaremos los hijuelos en macetas independientes, donde crecerán hasta convertirse en plantas adultas.*

Las semillas se pueden obtener también de las plantas adultas que se hayan cultivado anteriormente. Para ello hay que recolectar las semillas cuando los frutos estén maduros y antes de que las semillas se dispersen, razón por la cual habrá que prestar atención.

Si por el tipo de fruto de que se tratara no fuera fácil sacar las semillas, lo recomendable es ponerlo al sol para que se seque y así obtenerlas sin que sufran daño alguno. Una vez que se hayan desprendido, estas semillas se podrán guardar envueltas en papel o tela, en un ambiente seco y frío por espacio de hasta dos años. Pasado este tiempo habrá menos posibilidades de que puedan germinar.

ELEMENTOS NECESARIOS

Antes de plantar las semillas, será necesario tener una serie de utensilios a mano:

- Semillero.
- Grava.
- Compost.
- Una llana.
- Un colador.
- Un trozo de cartulina.
- Una regadera con aspersor.

◀ *El desplantador resulta más útil en jardinería exterior, aunque en algún momento necesitará de sus servicios para preparar jardineras o extraer bulbos.*

◀ *Los diferentes tipos de semilleros facilitarán sus tareas de cultivo.*

CULTIVO A PARTIR DE SEMILLAS

1

Existen semillas que necesitan humedecerse antes de plantarse. Se mojan y se meten en una bolsa de plástico.

2

Poner una fina capa de grava en el recipiente en el que se vaya a plantar y distribuirla de forma pareja.

3

Añadir sobre la grava una capa gruesa de compost y esparcirla sin apelmazarla por todo el recipiente.

4

Hay que nivelar la grava, por ejemplo, con una tabla firme o con una llana la superficie del compost.

5

Presionar el compost para que su superficie quede a unos dos centímetros por debajo del borde del recipiente.

6

Repartir las semillas en el recipiente de forma homogénea por toda la superficie del compost.

7

Tamizar con un colador un poco de compost. Cubrirlo con una fina capa a fin de tapar las semillas.

8

Etiquetar el recipiente. Se coloca el nombre de la especie y la fecha en que se ha realizado la siembra.

9

Hay que regar abundantemente y de forma pareja todo el recipiente procurando no usar agua excesivamente fría.

10

Cubrir el recipiente con un trozo de film de plástico, para que la tierra conserve una temperatura estable y retenga la humedad.

11

Algunas semillas no germinan bajo luz directa; si ese fuera el caso, poner una cartulina sobre la cubierta de plástico para que, con la oscuridad, puedan brotar.

LA REPRODUCCIÓN VEGETAL

55

RAÍCES TUBEROSAS, TUBÉRCULOS, RIZOMAS Y BULBOS

HAY PLANTAS QUE almacenan sustancias de reserva en sus raíces, como por ejemplo la dalia (*Dalia sp.*) o el ciclamen (*Cyclamen sp.*). Otras, como el caladio (*Caladium sp.*) o el jacinto (*Hyacinthus sp.*) acumulan los nutrientes en una parte de sus tallos que previamente ha sido modificada y suele permanecer total o parcialmente enterrada. Tratando adecuadamente este tipo de raíces o de tallos se pueden obtener nuevos ejemplares.

Raíces tuberosas

Algunas plantas, cuando acaban su floración y entran en período de reposo, reducen su estructura a una corona de yemas y a una raíz abultada en la que almacenan sustancias nutritivas. Estas raíces modificadas reciben el nombre de raíces tuberosas y pueden ser de dos tipos:

●RAÍCES TUBEROSAS ANUALES. A este tipo pertenecen, por ejemplo, las dalias (*Dahlia sp.*). Su característica es que mantienen siempre sus proporciones.

●RAÍCES TUBEROSAS PERENNES. Las raíces tuberosas, como las de la planta begonia (*Begonia sp.*), van aumentando de tamaño año tras año.

Hacia finales de verano, estas plantas se secan de modo que hay que interrumpir el riego hasta la siguiente primavera.

Otra opción es desenterrar las raíces y limpiarlas muy bien. Una vez que se les haya quitado totalmente la tierra, envolverlas en papel de periódico y guardarlas en un lugar fresco y seco durante todo el invierno.

Cuando venga la primavera, hay que preparar un tiesto con grava y compost y plantarlos regando a continuación.

Si se opta por no desenterrarlas al finalizar la estación, hay que tener la precaución de guardar el tiesto en un lugar fresco y seco ya que si se deja a la intemperie, el frío y la lluvia deteriorarán las raíces y la planta no resurgirá.

Tallos modificados

Los tallos modificados sirven a ciertas especies para almacenar sustancias de reserva y, a la

▶ *El caladio acumula nutrientes en una parte de sus tallos. Guardando los tubérculos de Caladium sp. (caladio) durante el invierno, revivirá con todo su esplendor en primavera.*

vez, son utilizados como medio de multiplicación. Bajo condiciones adecuadas, pueden generar una planta adulta.

Según las diversas maneras en que los tallos se modifican reciben los nombres de tubérculos, rizomas y bulbos.

Tubérculos

Son tallos subterráneos en los que se guardan sustancias de reserva. Tienen yemas que popularmente se conocen con el nombre de ojos, que equivalen a los nudos de un tallo aéreo normal.

Algunas plantas de interior forman tubérculos, como por ejemplo el caladio (*Caladium bicolor*).

A final del verano termina su ciclo vital pero sus tubérculos se pueden conservar durante el invierno. Para que no se dañen, es necesario sacar la planta de la maceta una vez que haya terminado el verano. Una vez fuera, hay que retirar la tierra de alrededor hasta que queden

◄ *Para el buen desarrollo de la Aecmea utilice macetas pequeñas, porque sus raíces tienen un tamaño reducido.*

al desnudo los tallos subterráneos y separarlos del resto de la planta. Se guardan envueltos en papel de periódico en un lugar frío y seco.

Se observará que en el invierno los bulbos comenzarán a hincharse. A principios de la primavera, de ellos saldrán los primeros brotes. Cuando éstos aparezcan, será el momento de trocearlos con un cuchillo afilado de manera que cada trozo tenga, al menos, una yema para que pueda dar origen a una nueva planta.

Para obtener los nuevos ejemplares se pondrá en un recipiente una capa de compost y, después, una capa de arena de unos tres centímetros de grosor. Se hundirán los trozos de bulbo, con sus respectivas yemas, en la arena. Se regará bien y tapar con un plástico para que la humedad se conserve. Se colocará la bandeja en un lugar cálido pero no a sol directo hasta que las plantas ganen altura.

Rizomas

Son tallos que se desarrollan bajo tierra y en sentido horizontal; sin embargo, algunas veces también pueden crecer en la superficie.

Dado que tienen la función de almacenar elementos nutritivos, suelen ser más gruesos que los tallos normales.

Cuando las condiciones se prestan a ello, de los rizomas brotan tanto raíces como tallos, dando lugar a nuevas plantas. Son comunes en los helechos, por ejemplo en el culantrillo (*Adiantum capillusveneris*).

Para obtener nuevas plantas de una grande y vieja hay que trocear el rizoma y enterrar los trozos en diferentes tiestos, a principios de primavera. Si se mantiene la humedad, dichas plantas comenzarán a desarrollarse en muy poco tiempo.

Es posible mejorar el aspecto de la planta quitándole las hojas marchitas o estropeadas y manteniendo el rizoma enterrado, en condiciones adecuadas de temperatura y humedad, para que salgan nuevos brotes y hojas nuevas.

Bulbos

Al igual que los rizomas y los tubérculos, los bulbos también son tallos modificados que contienen en su interior sustancias de reserva. Sin embargo en este caso, el tallo engrosado está cubierto por hojas en forma de escamas que le sirven de protección.

Hay muchas especies bulbosas; entre otras cabe mencionar los jacintos (*Hyacinthus sp.*), el narciso (*Narcissus sp.*) y el azafrán (*Crocus sp.*), que florecen en diferentes épocas. Esto permite combinarlos de modo que cuando unos estén en flor, los otros reposen. Estas tres

CÓMO SE PLANTAN LOS BULBOS

1

RELLENAR CON COMPOST
Hay que preparar un recipiente con compost, rellenándolo parcialmente.

2

COLOCACIÓN DE LOS BULBOS
Se deben colocar los bulbos sobre la tierra haciendo una ligera presión. No deben rozarse entre sí.

RIEGO ABUNDANTE
Se tiene que rellenar la maceta con compost, regando abundantemente. Hay que dejarla en oscuridad. Las puntas deben quedar asomando justo al borde.

MANTENER LA TEMPERATURA
Al cabo de tres meses, manteniéndolos a temperaturas entre cinco y diez grados, habrán desarrollado las hojas. Hay que situarlos en un ambiente cálido.

especies pueden dar flores a partir de los bulbos. La forma de conservarlos en buenas condiciones es enterrarlos en el compost y luego envolverlos en papel de periódico, dejándolos en un lugar frío hasta que aparezcan los primeros brotes. Cuando ello pase, habrá que ponerlos en un lugar más cálido para que las plantas se desarrollen.

Algunas de las variedades de narciso y de azafrán, se suelen cultivar de una manera particularmente vistosa: se pone el bulbo en un recipiente de cristal donde queden más o menos ajustados y se llena éste de agua hasta que alcance la base del bulbo. Cuando broten las raíces y los tallos podrán ser observados.

Los bulbos de narciso se pueden poner también sobre una superficie de guijarros húmedos. De esta manera crecerán con rapidez y resultarán especialmente decorativos.

CÓMO CULTIVAR BULBOS

- Rellenar parcialmente un recipiente con compost.

- Poner los bulbos haciendo sobre ellos una ligera presión. Hay que tener cuidado de que no toquen el tiesto ni entre sí. Las puntas del bulbo deben asomar justo al borde del tiesto.

- Rellenar el resto de la maceta con compost y luego regar abundantemente comprobando que el drenaje funcione bien. Dejar el tiesto en un lugar sin luz.

- Si el tiesto se mantiene unos tres meses a una temperatura que oscile entre los 5 °C y los 10 °C, se habrán desarrollado las hojas. Cuando ello suceda, colocar la maceta en un ambiente cálido y húmedo.

ESQUEJES DE TALLO, DE HOJA Y DE RAÍZ

LA PROPAGACIÓN A PARTIR de esquejes es una de las tareas más gratificantes de la jardinería. Este método, que consiste en obtener nuevos ejemplares a partir de un trozo de planta constituido, es fácil de llevar a cabo y, en la mayoría de las veces, da excelentes resultados.

Mediante este sistema es posible obtener hijos de ejemplares híbridos estériles que no producen semillas y tiene la ventaja de que la nueva planta es más grande desde el inicio que la que se hubiera obtenido por medio de una semilla.

Las plantas que se consiguen por esqueje siempre son idénticas a la planta madre.

La obtención de los esquejes

Hay especies que se reproducen con un tipo de esquejes, por ejemplo de hoja, y otros en los que conviene utilizar otras partes de la planta. Pero independientemente del trozo que se escoja para reproducir un nuevo ejemplar, hay que tener en cuenta algunas normas básicas para que de los resultados esperados:

● LOS ESQUEJES DEBEN OBTE-NERSE DE PLANTAS SANAS. Hay que tomar trozos que no estén deteriorados pues cuanto mejor sea su estado más probabilidades habrá de que eche raíces y crezca.

◀ La Peperonia sp. (peperonia o cola de rata) es un buen ejemplo de cultivo que puede multiplicarse de manera relativamente sencilla. Se puede obtener un ejemplar, simplemente a partir de una hoja que mantenga intacto su peciolo unido.

● LOS ESQUEJES VERDES SE OBTENDRÁN EN PRIMAVERA O VERANO. Estos esquejes serán tiernos y deben obtenerse en primavera o verano.

Los leñosos, por el contrario, se deben conseguir en otoño o invierno.

● HERRAMIENTAS EMPLEADAS. Las utilizadas para el corte estarán perfectamente limpias para evitar infecciones.

Se tratará a la planta como ser vivo que es. Se tendrá en cuenta que los utensilios sucios o mellados le producirían daños innecesarios.

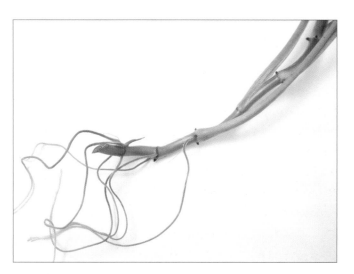

• HACER CORTES LIMPIOS. Se harán cortes limpios para obtener los esquejes. Dejar una rama llena de cicatrices o de «intentos», para lo único que sirve es para debilitar la planta y para propiciar enfermedades y plagas. Como las partes que se cortan para esquejar están vivas, deberá tenerse con ellas el mismo cuidado que con la planta madre.

• EVITAR CAMBIOS BRUSCOS DE TEMPERATURA. Deben evitarse los cambios bruscos de temperatura. Lo adecuado es poner los esquejes en un recipiente de cristal, muy limpio, y cubrirlo con plástico.

Al menos una vez al día deberá retirarse esta cubierta para que tenga una buena ventilación.

• SITUAR EL ESQUEJE CERCA DEL CALOR. Si el esqueje se ha obtenido en invierno, conviene situarlo próximo a una fuente de calor.

Tipos de esquejes

Según la especie de que se trate, la parte de la planta de la que hay que tomar el esqueje varía.

Hay esquejes que enraízan fácilmente en cuanto son puestos en tierra y otros a los que conviene dejar en agua hasta que aparezcan las raíces y luego trasplantarlos a una mezcla de compost y arena.

Esquejes de tallo

El tamaño del tallo que se corte para el esqueje será de cinco a siete centímetros de largo, aproximadamente, en el caso de plantas pequeñas, y de 15 a 20 centímetros para arbustos y árboles como por ejemplo el amor de hombre (*Tradescantia sp.*) o la hiedra aralia (*Fatshedera sp.*).

61

◀ *Realizando los esquejes apicales en primavera, conseguirá ejemplares tan bellos como este Stephanotis floribunda (Estefanotis).*

PLANTAR ESQUEJES CON TALÓN

1

DESGARRO INICIAL
En el esqueje con talón, desgarre una rama lateral, dejando como base parte de la principal.

2

ELIMINAR LAS HOJAS BASALES
Elimine las hojas basales y repase con una navaja el desgarro inicial para dejarlo uniforme. Impregne la base en hormonas de enraizamiento.

3

HACER UN AGUJERO CON UN LÁPIZ
Haga un orificio con un lapicero e introduzca la parte basal del esqueje.

Los tallos verdes se deben cortar en primavera, debiendo dar el corte justo debajo de un nudo o yema. Este tipo de propagación es la más utilizada en el caso de los potos (*Scindapsus aureus*).

En los tallos leñosos, como es el caso de la hiedra (*Hedera helix*), el corte deberá hacerse entre dos nudos.

Dentro de los esquejes de tallo hay diferentes tipos, que se detallan a continuación.

Esqueje con talón

Consiste en el corte de una rama secundaria, desgajándola de forma tal que el esqueje contenga un trozo de la rama principal, habitualmente leñosa.

A veces, para arrancarla, basta sujetar el brote y tirar, continuando el movimiento en sentido de la fibra del tallo principal.

Una vez obtenido el esqueje, se eliminan las hojas más bajas, las más cercanas al corte, y se repasa la base del esqueje con un cuchillo afilado o con una navaja.

El corte deberá quedar limpio y parejo. Se humedecerá el esqueje y sumergirlo en hormonas de enraizamiento.

Se hará en la tierra un orificio de un diámetro apenas mayor que el esqueje y se introducirá inmediatamente en él, con el corte hacia abajo.

Una manera de estimular su crecimiento es echar un poco de arena en el orificio donde irá el esqueje.

Se presionará la tierra con las manos a fin de que el esqueje se mantenga firme y luego regarlo para contribuir a su asentamiento.

Si la planta es de hoja perenne, como en el caso de la drácena (*Dracena deremensi*s), quitarle la mitad de las hojas para que la fuerza de la planta esté destinada a la generación de raíces.

Estaca

Los esquejes de estaca se hacen cortando fragmentos de un tallo leñoso de, aproximadamente, unos 20 centímetros. Para que reproduzcan un nuevo ejemplar deben tener, al menos, un nudo o yema.

Cada uno de los trozos así obtenidos tendrá dos cortes: uno en la parte inferior o base, que deberá hacerse recto, perpendicular al tallo, y otro en la parte superior o ápice, que deberá ser sesgado y quedar justo encima de la última yema. Éstas son las que darán origen a las nuevas ramas.

Tras los dos cortes, se sumerge el extremo inferior en hormonas de enraizamiento y enterrarlo dejando asomar sólo unos tres centímetros. Las yucas (*Yucca sp.*) son una especie que admiten este tipo de esquejado.

Estaca con rama secundaria

Estos esquejes son trozos de tallo leñoso que contienen una rama secundaria. El corte superior, apical, deberá estar próximo a la rama y el basal, a 2 o 2,5 centímetros del anterior.

La base del esqueje deberá ser introducida en hormonas de enraizamiento antes de ser enterrada.

Una vez plantada, regarla bien y poner el tiesto en un lugar con temperatura y humedad adecuados. Una de las plantas que se reproducen por estacas secundarias es el naranjo enano (*Citrus mitis*).

PLANTAR ESQUEJES DE ESTACA

OBTENCIÓN DE LOS ESQUEJES
Los esquejes de estaca han de obtenerse praticando un corte recto en la base y otro sesgado en el ápice. En los tallos leñosos realice el corte basal entre dos nudos.

DÓNDE DAR EL CORTE BASAL
En los tallos verdes, favorecerá la proliferación de raíces si da el corte basal justo por debajo de un nudo.

USO DE HORMONAS DE ENRAIZAMIENTO
Antes de plantarlo, impregne la base con hormonas de enraizamiento.

PLANTAR ESQUEJES DE ESTACA CON RAMAS SECUNDARIAS

CORTE DE UNA RAMA NO PRINCIPAL
Practique un corte sesgado por encima de una yema lateral para plantar un nuevo esqueje.

YEMA AXILAR CON RAMAS LATERALES
La porción obtenida deberá disponer de una yema axilar con varias ramas laterales.

ELIMINAR LAS RAMAS
Elimine las ramas, excepto la que queda próxima a la yema axilar.

CORTE RECTO
Practique un corte recto por debajo del nudo de la yema.

CORTE EN BISEL
En la rama restante, realice un corte en bisel para eliminar la parte apical.

PLANTAR EN EL COMPOST
Introduzca la base en hormonas de enraizamiento y plántelo en el compost.

Esqueje de yema auxiliar

Es un tipo de esqueje muy similar al anterior. Consiste en seleccionar un tallo que contenga una hoja y una yema. El corte deberá ser efectuado lo más cerca posible de la yema, en forma de bisel. El corte basal se hará a unos tres o cuatro centímetros del corte apical.

Si la hoja que contiene el esqueje fuera grande, se la puede enrollar sujetándola con una goma o bien recortarla. Como en el caso de los esquejes explicados con anterioridad, antes de plantarlo conviene sumergir la parte inferior en polvo de hormonas enraizantes.

Al plantarlo, la yema deberá quedar a nivel de la superficie. Conviene compactar con las manos la tierra para que el esqueje quede bien sujeto y, a continuación, regar el tiesto.

El epifilo (*Epiphyllum hibrida*) es un ejemplo del tipo de planta que se puede reproducir por esqueje de yema auxiliar.

Esqueje apical

Para utilizar este método es necesario cortar los 10 centímetros finales de los tallos o brotes que tengan, al menos, dos pares de hojas.

Los 2/3 inferiores de los tallos deberán dejarse libres de hojas pero conservando los puntos de crecimiento. Una vez que estén así preparados, se pueden seguir dos métodos:

• PONER EL ESQUEJE EN UN RECIPIENTE. Debe tener agua hasta que crezcan las raíces. A partir de ese momento, plantarlo en la tierra.

• IMPREGNAR LA PARTE INFERIOR DEL ESQUEJE. Se impregna en hormonas de crecimiento y se planta en el compost. Se cubre la maceta con plástico transparente y dejarlo en un lugar cálido.

PODAR LA PLANTAS LEÑOSAS
Durante el invierno, pode las plantas leñosas para favorecer la formación de brotes nuevos en primavera.

PREPARACIÓN DE UN RECIPIENTE
Prepare un recipiente para la plantación de esquejes. El esqueje apical proviene de porciones tiernas terminales de la planta. (Véanse pasos 3 y 4, pág. 66.)

Una vez por día se retirará el plástico para que tenga una adecuada ventilación.

El esqueje apical se puede realizar con la falsa aralia (*Dizigotheca elegantissima*).

Esquejes de hoja

Para que los esquejes de hoja arraiguen y den origen a una nueva planta, es necesario que la

Esquejes de hoja entera

3

**EVITAR
LA DESHIDRATACIÓN**
Mientras no esté
utilizando los
esquejes, manténgalos
en un recipiente con
agua para evitar su
deshidratación.

Este tipo de esquejes están especialmente indicados para las begonias de hoja (*Begonia rex*) en todas sus variedades. El compost debe prepararse antes de cortar las hojas; colocado en una bandeja, se riega bien hasta que quede empapado.

Hay que cortar sólo hojas en buen estado y completamente desarrolladas. Una vez separadas del tronco, ponerlas sobre una superficie dura con la parte superior hacia abajo. Se eliminará el pecíolo y harán una serie de cortes sobre la nervadura. Estos cortes deberán tener un ancho de uno o dos centímetros y ser perpendiculares a las nervaduras.

Una vez preparada la hoja de esta manera, ponerla sobre el compost, con la parte inferior hacia abajo (la que tiene los cortes). Conviene fijarla en esta posición con algunas piedras ligeras o con trozos de alambre.

Cuando todas las hojas se hayan plantado, se cubrirá la bandeja con un plástico transparente o con un cristal y se dejará en un sitio luminoso, a una temperatura que oscile entre los 18 °C y 23 °C. Cuando las plántulas que nazcan tengan un tamaño adecuado (unos siete u ocho centímetros) se podrá trasplantar a la maceta definitiva.

4

CORTAR EL ESQUEJE SI ES MUY LARGO
Si el esqueje obtenido es muy largo, corte por
debajo de un nudo, de forma que su longitud
final sea de unos diez centímetros.

planta madre sea sana y que, además, la hoja esté en óptimas condiciones; que se haya desarrollado completamente y que sea, a la vez, nueva.

Estos esquejes se pueden obtener en cualquier momento del año.

Como las hojas tienden a secarse, es importante mantener la humedad en el tiesto para ello habrá que cubrirlo con cristal o plástico la bandeja donde se planten. Para evitar podredumbres, diariamente habrá que dejarla destapada tres o cuatro minutos.

Esquejes de fragmentos de hoja

Es un método apropiado para propagar especies que tengan hojas con un nervio central muy marcado, como el estreptocarpo (*Streptocarpus sp.*) o la gloxinia (*Sinningia speciosa*). Antes de preparar los esquejes es necesario preparar la bandeja donde se van a plantar.

Esquejes de pecíolo

Son trozos de hojas u hojas enteras que conservan el pecíolo. Plantándolas sobre compost y puestas a temperatura y humedad convenientes, dan lugar a raíces y ramas generando un nuevo ejemplar.

Ejemplos de plantas que pueden propagarse por este método serían la cola de rata (*Peperomia sp.*), la violeta africana (*Saintpaulia ionantha*) y la afelandra (*Aphelandra squarrosa*). Con las hojas de todas ellas se podrán obtener nuevos ejemplares siempre y cuando al cortarlas se les deje el pecíolo.

CULTIVAR ESQUEJES DE PECÍOLO

1

RECIPIENTE CON ARENA Y TURBA
Prepare un recipiente, con una mezcla de arena y turba al 50% o compost especial para esquejes, de los que ofrecen ya preparados los comercios.

2

CORTAR CON NAVAJA
Debe cortar las hojas que considere adecuadas con una navaja afilada y limpia. Mantenga unos cinco centímetros de pecíolo.

3

HACER UN AGUJERO POR ESQUEJE
Manualmente o con la ayuda de un lapicero, haga un agujero por esqueje en el compost, y proceda a hundir los pecíolos con algo de inclinación y prácticamente hasta la base de la hoja.

4

COMPRIMIR LA TIERRA
Debe comprimir bien la tierra alrededor de la hoja para que quede bien asentada la hoja, sin que se pueda caer.

5

REGAR CON UN PULVERIZADOR
Riegue cuidadosamente para evitar tumbar los esquejes. Puede hacerlo, por ejemplo, con un pulverizador. (Véanse los pasos 6, 7 y 8, pág. 68.)

6

CUBRIR CON UNA TAPA TRANSPARENTE
Cubra la bandeja con una tapa transparente (un cristal o un plástico podría servir).

7

BUSCAR UN LUGAR CON LUZ
Colóquela en un lugar con calor y luz (protegido del sol directo), tapado para mantener la humedad.

8

TRASPLANTAR INDIVIDUALMENTE
Cuando las nuevas plantas alcancen un tamaño que permita su fácil manejo, trasplántelas de una en una.

Ponerle compost y, a continuación, regarla a fin de que la tierra esté bien húmeda. Con un cuchillo muy limpio y afilado hay que cortar una hoja y ponerla sobre una superficie dura.

Se trocea a lo ancho en porciones de unos cuatro centímetros o bien hacer dos cortes paralelos a la nervadura central y retirarla de manera que el limbo quede dividido en dos partes iguales.

Se trazan unos pequeños surcos en el compost y colocar en ellos, verticalmente, los trozos de la hoja; ya sean los que se han cortado vertical o longitudinalmente.

CULTIVAR CON HOJA ENTERA

1

CORTE EN BISEL
Seleccione una hoja sana y haga un corte en bisel.

2

PONER EN UN RECIPIENTE
Deposite la hoja en un recipiente con compost.

3

PEQUEÑAS HOJAS
En unas semanas aparecerán unas hojas donde se hicieron los cortes.

Es importante hundir el esqueje en la tierra por donde está el corte del nervio. A continuación, hay que humedecer el compost con un pulverizador para ayudar a fijar el esqueje.

Una vez que se hayan plantado todos los esquejes, debemos cubrir la bandeja, bien empleando un trozo de plástico transparente, bien utilizando un cristal. Tras este paso, debemos poner la maceta en un lugar luminoso.

Todos los días destaparla durante unos minutos para que la tierra se ventile.

Una vez que los nuevos ejemplares estén crecidos, hay que plantarlos en tiestos individuales.

Esquejes de raíz

Este método se utiliza para reproducir algunas plantas a mediados de invierno.

Si la planta es pequeña, se puede quitar de la maceta de manera que sus raíces queden al aire; si es grande, habrá que buscar las raíces que estén cerca de la superficie.

Cuanto más joven y sana sea la raíz, mejor crecerá.

A medida que se cortan, se guardan en una bolsa de polietileno para que se mantenga la humedad.

Conviene cortar de manera sesgada el extremo inferior, que deberá ir enterrado, a fin de diferenciarlo del otro que quedará al aire.

Los trozos de raíz se plantan en un recipiente con compost y nunca se los debe poner en contacto con hormonas enraizantes.

Cuando los esquejes echen raíces, se los deberá pasar a un semillero y dejarlos ahí

1

OBTENCIÓN DE ESQUEJES
Los esquejes de fragmentos de hoja se obtienen de aquellas que tienen nervios longitudinales, cortando desde la base una hoja en buen estado.

2

CORTE DE LAS HOJAS
Sobre una superficie lisa, fragmente la hoja en porciones de unos cuatro centímetros.

3

COLOCAR LOS FRAGMENTOS OBTENIDOS
Coloque erguidos los fragmentos conseguidos en el compost.

ACODOS

POR MEDIO de esta sencilla técnica, se obtienen nuevos ejemplares haciendo que el tallo eche raíces antes de separarlo de la planta madre.

En la multiplicación mediante esqueje se corta un tallo y se pone en agua o en terreno húmedo para favorecer la aparición de raíces y la formación de una planta.

En la multiplicación por acodo, lo que se hace es intentar que el tallo eche raíces antes de ser separado de la planta.

El acodado ofrece dos ventajas: con las plantas difíciles de propagar, es más probable tener éxito con un acodo que con otros medios de reproducción asexual.

Además, las plantas que se propagan por acodo se desarrollan en mucho menos tiempo que aquellas que se obtienen por esquejes.

Sin embargo, este método también tiene sus desventajas: el trabajo de acodar una rama es delicado y minucioso.

Una vez realizado debe revisarse periódicamente controlando las condiciones ambientales. Además, requieren más material de la planta madre que en el caso de los esquejes ya que se utilizan ramas enteras.

Para que los acodos generen nuevos ejemplares es necesario que las condiciones del ambiente sean óptimas: humedad, calor, oxígeno y, sobre todo, oscuridad.

Hay dos tipos de acodos: el simple, o directo sobre otro tiesto, y el aéreo.

Para preparar este último es necesario tener a mano un poco de musgo troceado, un trozo de plástico opaco, cuerda de cáñamo o cinta aislante y hormonas de enraizamiento.

Como se verá más adelante, estos acodos van a presentar numerosas dificultades y no siempre proporcionarán los resultados que esperábamos *a priori*.

Acodo simple

Hay varias especies de plantas de interior capaces de propagarse por acodos simples.

Entre las más comunes pueden citarse el poto (*Scindapsus aureus*), la ceropegia (*Ceropegia radicans*) y la hiedra (*Hedera helix*).

ACODO SIMPLE

1

ELECCIÓN DE LA RAMA
Elija una rama lo suficientemente larga, que permita utilizar la parte media de la misma.

2

COMPROBAR LA ROBUSTEZ

Compruebe la robustez, y si posee principios de raíces, ya que éstas aceleran el proceso de crecimiento.

3

SUJETAR EL TALLO AL TIESTO

Emplee un pequeño alambre para que, a modo de grapa, sujete el tallo al tiesto, hundiéndolo ligeramente.

4

SEPARAR LA RAMA

Constatando el enraizamiento, separe la rama de la planta mediante un corte sesgado.

A finales de invierno, se debe elegir una rama larga y joven.

Se debe eliminar las hojas laterales para dejar sólo los dos o tres pares más cercanos a la punta.

Hay que acercar la rama a la superficie del tiesto (que puede ser el mismo en el que esté la planta u otro tiesto) y marcar el lugar donde se la vaya a enterrar.

Se hace en el tiesto un hoyo de unos diez centímetros, utilizando un cavador o, en su defecto, una cuchara, a fin de que la tierra donde se vaya a hacer el acodo esté convenientemente mullida.

Se doblará la rama hasta ponerla en el hoyo que se ha cavado y volverla a doblar de manera que la punta sobresalga fuera de la tierra.

Se debe sujetar el trozo de rama que está bajo tierra con un trozo de alambre para impedir que recupere su posición natural.

Se apretará la tierra con las manos y se regará el tiesto.

La tierra deberá estar siempre húmeda para que el tallo pueda echar raíces.

A veces se realizan pequeños cortes en la parte del tallo que queda bajo tierra para estimular el enraizamiento.

Por regla general éste se producirá en primavera y hacia el otoño, el acodo se podrá separar de la planta madre con la ayuda de unas tijeras de podar.

A partir del momento en que sea una planta independiente, deberá dejarse transcurrir un mes antes de trasplantar la plántula a su recipiente definitivo.

Hay plantas, como los filodentros o los potos, que generan raíces aéreas.

Éstas pueden ser perfectamente aprovechadas en los acodamientos.

1

ELIMINACIÓN DE LOS BROTES LATERALES
Seleccione un tallo maduro, al que deberá
eliminar los brotes laterales a lo largo de 25 cm
del extremo basal.

2

CORTE SESGADO
Realice un corte sesgado, bajo el punto de
inserción de las hojas, e introduzca un palito para
mantener abierta la herida, untándola con
hormonas de enraizamiento.

3

MUSGO HUMEDECIDO
Seguidamente, coja una buena cantidad de
musgo humedecido con anterioridad.

4

SUJETAR CON UN CORDEL
Rodee la abertura de la corteza con el musgo y
sujételo todo con un cordel.

Acodo aéreo

Este tipo de acodos son más recomendables
para las especies leñosas; por ejemplo el árbol
del caucho (*Ficus elastica*), las drácenas (*Dracena sp.*) y cordiline (*Cordiline terminalis*).

El momento más adecuado para realizar
un acodo aéreo es durante la primavera ya que
es el período de apogeo vegetativo.

Se elegirá un tallo maduro y se le quitarán
todas las ramas menos los dos o tres pares más
próximos al extremo.

Para provocar en la zona una acumulación
de savia y de hormonas reguladoras de creci-

miento que estimulen la formación de las raíces, se recomienda seguir una técnica denomi-
nada anillado.

Consiste en sacar un anillo de corteza alrededor de la rama que se desea acodar.

Con un cuchillo o una navaja limpia y bien
afilada se hace un corte superficial circundan-
do la rama y luego otro, a dos centímetros de
distancia, a fin de quitar un anillo de corteza
de esta longitud. Se unta este anillo con hormonas de enraizamiento.

Si no se quiere hacer el anillado, se puede
realizar un corte en bisel en la rama en la que
se va a acodar, poniendo en la herida un palito

ENVOLVER CON UN TROZO DE PLÁSTICO
Envuélvalo por fuera con un trozo de plástico negro. Péguelo a continuación con cinta aislante a los extremos del tallo.

SECCIONAR EL RESTO DE LA RAMA
Transcurrido el tiempo suficiente para el desarrollo de las raíces, seccione el resto de la rama por encima del acodo, dejando alguna hoja.

SEPARAR LA RAMA DEL TALLO
Debe separar la rama del tallo principal con otro corte en bisel.

PLANTAR EN UN NUEVO TIESTO
Retire la protección de plástico y proceda a plantarlo en un nuevo tiesto.

o piedra a fin de mantenerla abierta e impregnándola con hormonas de enraizamiento.

Se humedece una buena cantidad de musgo y se coloca alrededor del anillo o herida. Hay que apretarlo bien y sujetarlo con un cordel.

Se corta un rectángulo de plástico negro o gris, muy opaco, y se envuelve con él el musgo sujetándolo por los extremos superior e inferior con cinta aislante.

Debe tenerse en cuenta que una de las condiciones primordiales para que salgan las raíces es la oscuridad. De ahí que sea muy importante que el plástico envuelva por completo el acodo. Se cerrará de modo que no asome el musgo ya que ello también garantiza que la

humedad no se pierda y la rama pueda generar raíces. Tras cuatro semanas, tiempo suficiente para que se hayan formado las raíces, se deberá seccionar la rama por encima del acodo dejando uno o dos pares de hojas. Con un corte en forma de bisel, se separará la rama acodada del tallo principal.

Es preciso recalcar que las herramientas empleadas para hacer los cortes deben estar perfectamente afiladas y limpias para evitar cualquier tipo de infección o daño a la planta.

Se retirará la protección de plástico con cuidado para que las raíces nuevas queden al aire. Se pondrán en un otro tiesto, bien enterradas y se regarán para que queden sujetas.

SEPARACIÓN DE VÁSTAGOS

▲ *Independientemente de las técnicas de multiplicación empleadas, debido a la naturaleza de cada especie, existen diversos métodos claramente diferenciados. La* Cholorophytum comosum *(cintas) es el ejemplo típico de planta de propagación a través de estolones (a la derecha). Existen otras especies cuya propagación es más complicada, como la* Cocos nucifera *(cocotero enano), que necesita un fruto (a la izquierda).*

LOS DIFERENTES MÉTODOS de reproducción no son aptos para todas las especies. Por el contrario, en cada una de ellas unos dan mejores resultados que otros.

Si se quieren obtener reproducciones de la planta madre, en primer lugar lo que será necesario averiguar es cuál de los métodos de propagación es el que más se adecúa a la especie.

División del pie de mata

Es un método que se puede aplicar a una gran cantidad de plantas, algunas de las cua-

les también aceptan otras formas de propagación.

Entre las más comunes que se pueden obtener de esta forma, pueden citarse: culantrillo (*Adiantum capillus-veneris*), aglaonema (*Aglaonema crispum*), anturio (*Anthurium scherzerianum*), aspidistra (*Aspidistra elatior*), papiro (*Cyperus alternifolius*), fitonia (*Fittonia verchaffeltii*), maranta (*Maranta bicolor*), calatea (*Calathea lancifolia*), espatifilo (*Spatiphyllum wallisii*) y cimbidio (*Cymbidium hybrida*).

Todas estas plantas están formadas por el agrupamiento de varios tallos, cada uno de los

Cómo plantar embriones foliares

1

Extraer la maceta
Extraiga de la maceta la planta que desee propagar, utilizando, si fuera preciso, el desplantador, para no dañar las raíces.

2

Sacudir la tierra
Debe sacudir la tierra que están rodeando las raíces con cuidado hasta que queden completamente desnudas.

3

Plantar las porciones en los tiestos
A continuación, plante las porciones en los tiestos ya preparados con el compost y riéguelo con abundante agua.

4

Dividir la masa de raíces
Divida la masa de raíces, procurando que en las dos mitades resultantes aparezca una porción aérea de la planta.

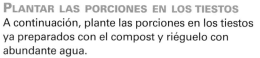

5

Separe las raíces con un cuchillo
Si fuera necesario, emplee el cuchillo para separar las raíces.

6

Plantar las porciones en los tiestos
A continuación, plante las porciones en los tiestos ya preparados con el compost y riegue.

cuales tiene sus propias raíces, de modo que, en realidad, son plantas independientes unas de otras que comparten un mismo tiesto y cuyas raíces, por lo general, suelen estar entrelazadas.

El mejor momento para realizar la división es mientras la planta se encuentra en período vegetativo, justo antes de que reinicie su actividad.

Como la mayoría de ellas reposan en invierno y reanudan su actividad en primavera, el momento adecuado será hacia el final del período invernal. De este modo se aprovecharán las fuerzas de la planta en el comienzo del período de actividad para que se adapte al nuevo tiesto y repare las raíces que pudieran haberse dañado.

La división consiste en separar las diversas plantas y distribuirlas en recipientes diferentes.

Para ello hay que sacar la planta madre del tiesto, sacudirla de manera que se desprenda la tierra que cubre las raíces y proceder a dividirla procurando que cada porción de raíces tenga un tallo aéreo.

Para facilitar la tarea se pueden lavar las raíces a fin de desprenderles mejor la tierra. Aunque se intentarán separar las plantas manualmente procurando no dañar las raíces, si éstas están muy enredadas se puede utilizar un cuchillo limpio y afilado para terminar de dividirlas.

Cada una de las plantas así separadas se debe plantar en un tiesto con compost, regando a continuación para que se mantenga firme.

Vástagos

En algunas especies como la yuca (*Yucca sp.*), la piña (*Ananas comosus*) o la clivia (*Clivia miniata*), en algunas épocas del año crece en la base del tallo pequeñas plantitas comúnmente llamadas vástagos o retoños. El procedimiento para obtener nuevas plantas es sencillo. Bastaría con separar los vástagos de la planta madre durante la época de primavera-verano y plantarlos en nuevos tiestos.

La separación se puede hacer con la mano o con la ayuda de un cuchillo limpio y afilado, procurando que la planta madre y la hija no sufran ningún tipo de desgarros. Cuanto más entero esté el vástago, más probabilidades tendrá de convertirse en una planta independiente.

◄ *La acertada combinación de la cesta y el pedestal labrado, engrandecen la figura de* Spathiphylum wasilii *(espatifilo).*

Estolones

Son tallos rastreros, es decir, se extienden horizontalmente a partir de la base, y tienen la capacidad de generar raíces si se apoyan sobre un suelo apropiado. Entre las especies capaces de generar estolones, las más conocidas son la saxifraga (*Saxifraga tormentosa*) y las cintas (*Chlorophytum comosum*).

Hacer nuevos ejemplares con estolones es sumamente sencillo: durante la época de crecimiento se separan las plantas pequeñas de la planta madre cortando el tallo rastrero y luego se planta el nuevo ejemplar en un tiesto.

Otra posibilidad es plantar la plantita sin separarla de la planta madre. Se la puede poner en el tiesto y, cuando por el tamaño de sus hojas o el nacimiento de nuevas plantas se haga evidente que ha enraizado y que está totalmente establecida, se hace el corte para separarla.

Embriones foliares

En algunas especies se pueden desarrollar embriones en determinados lugares de las hojas; si éstos se ponen en un medio adecuado pueden dar origen a nuevas plantas. Tal es el caso de la planta tropical calancoe (*Kalanchoe tubiflora*), en la que los embriones

▲ El método para reproducir las numerosas especies de yuca es extrayendo sus vástagos.

se generan en el borde dentado de algunas hojas.

Cada planta puede dar origen a muchos nuevos ejemplares; basta con separarlos de la planta madre y plantarlos en macetas independientes.

Sin embargo deberá tenerse la precaución de no sacar muchos a un tiempo para evitar producirle daños a la planta madre.

Otra especie que ofrece embriones foliares es el asplenium (*Asplenio bulboso*). A diferencia del calancoe, los embriones están en diferentes partes de la superficie de las hojas.

Para que tengan más probabilidades de arraigar, conviene cortar junto con el vástago un trozo de la hoja a la que esté unido y plantarlo en un compost húmedo, lejos de la luz. Una vez que la nueva planta de muestras de estar creciendo adecuadamente, se podrá poner el tiesto en un lugar más luminoso.

REPRODUCCIÓN DE LOS HELECHOS

▶ *El tamaño de las hojas de los helechos es muy variado: las hay pequeñas, como las del culantrillo* (Adiantum sp.) *o amplias, como las del cuerno de alce* (Platycerium bifurcatum).

SE CALCULA QUE HACE unos 300 millones de años aparecieron los helechos y rápidamente poblaron la tierra.

Estos antiguos vegetales, de los que se conocen unas 15.000 especies distintas, son difíciles de mantener, sobre todo porque son bastante sensibles a las condiciones ambientales. Por esta razón sólo se comercializan unas pocas variedades, las más resistentes, que son las que pueden soportar la escasa humedad que hay en las casas a causa de la calefacción y el aire acondicionado.

De muchos helechos se pueden obtener nuevos ejemplares dividiendo el pie, pero en el caso de otros,

habrá que propagarlos por medio de sus esporas.

Recolección y siembra de las esporas

Una vez al año, en la parte inferior de las frondes u hojas de los helechos, aparecen unas pequeñas protuberancias llamadas soros. En un principio apenas se distinguen de la hoja ya que son verdes, pero a medida que maduran, se oscurecen hasta adquirir un color pardo.

Los soros contienen las esporas y, para obtenerlas, es necesario esperar a que estén bien maduros, lo cual ocurre en casi todas las especies durante la primavera. Si se observan con atención se podrá notar que, a partir de un momento, se abren para permitir la salida de las esporas ya maduras.

Éste es el momento adecuado para recolectarlas raspando el envés de la hoja con un cuchillo, teniendo cuidado de no dañarla, y recogiendo el polvillo marrón (las esporas) en alguna superficie clara.

▲ La forma y localización de los soros es propia de cada especie. Este dibujo muestra algunas de ellas, aumentadas, así como los mecanismos de liberación de esporas.

IMPROVISANDO
Se puede improvisar un semillero tapando una maceta con plástico para mantener la humedad.

No conviene almacenarlas porque pierden muy fácilmente su fertilidad, de manera que, una vez recogidas, lo mejor es sembrarlas.

Rellenar una bandeja con compost muy húmedo; alisarlo y esparcir sobre éste las esporas.

A continuación, cubrirlas con un cristal o con un trozo de plástico duro, semiopaco.

Hay que colocar la bandeja en un lugar cálido y con poca luz, vigilando el compost para que siempre esté bien húmedo aunque no encharcado.

Por lo general, no es necesario volver a echarle agua ya que las gotas que se condensan en el cristal vuelven a caer sobre la tierra y la humedecen; no obstante si fuera preciso, echarle un poco más de agua con un aspersor, procurando que ésta no esté muy fría sino a temperatura ambiente.

Antes de que surjan las plántulas, en la superficie del compost aparecerán unas pequeñas estructuras verdes, en forma de corazón, llamadas prótalos. Éstas tienen, en los helechos, la misma función que las flores: son órganos de reproducción sexual y originarán los gametos femeninos y masculinos que darán origen a nuevos ejemplares.

A partir del momento en que aparecen los prótalos, es necesario vigilar muy bien la humedad del tiesto ya que es decisiva para el éxito de la fecundación.

Pocos días después, empezarán a nacer las nuevas plántulas de helecho que, para su correcto desarrollo, deberán estar en un lugar iluminado pero sin recibir la luz directa del sol.

Una vez que las plántulas adquieran entre tres y cinco centímetros de altura, es conveniente que se trasplanten a tiestos individuales.

PARA RECONOCER LOS SOROS

- Los soros se encuentran en el envés de las frondes. Por lo general, en casi todas las especies, tienen forma circular; como un pequeño botón de un milímetro de diámetro. Sin embargo hay excepciones a esta regla.

- El helecho lengua de ciervo o escolopendra *(Phillitis scolopendrium)*, presenta soros alargados, dispuestos uno detrás de otro a lo largo de toda la fronde dándole el aspecto de multitud de patas alargadas, como si fuera una escolopendra.

- Los soros del helecho de canarias o helecho pata de liebre *(Davallia canariensis)* tienen forma de copa.

- En el culantrillo *(Adiantum capillus-veneris)*, los soros se producen en todo el borde de la fronde rodeándola casi en su totalidad.

- El suelo adecuado para que las esporas produzcan los prótalos y éstos las plantas de helechos son aquellos ricos en turba, con una temperatura calidad y mucha humedad en el ambiente y en la tierra.

DÓNDE SE ENCUENTRAN LOS SOROS Y LAS ESPORAS

1

2

DÓNDE SE ENCUENTRAN LOS SOROS
Los soros se encuentran en el envés de las hojas. Son manchas verdes que, a medida que maduran las esporas, adquieren un tono marrón oscuro.

PARA RECOGER LAS ESPORAS
Para recoger las esporas de un helecho, se toma una hoja de helecho y se raspa su envés con un cuchillo de modo que caigan en un papel de tono claro.

La salud de las plantas

LOS CUIDADOS SALUDABLES

▶ *Durante el período de reposo, que suele coincidir con el invierno, las plantas cumplen al mínimo con sus funciones vegetativas.*

LAS PLANTAS DE INTERIOR no existen en la naturaleza como tales. Se llaman así a las que, originarias de climas más cálidos, se cultivan en otras latitudes más frías en estancias cerradas, protegidas del frío, sequedad o exceso de humedad.

Estas plantas, a diferencia de las de jardín, que están plantadas directamente sobre la tierra, dependen de la mano del hombre para alimentarse y subsistir.

A menos que se las riegue, abone, cambie de tiesto y proporcione todo lo que necesiten, estas plantas morirán o, como mucho, se mantendrán en un estado de inactividad y falta de crecimiento ya que no tendrán las energías suficientes para crecer, dar flores y frutos.

Quienes estén familiarizados con el cultivo de plantas de interior, seguramente habrán percibido que un mismo ejemplar puede prosperar y mostrar su mejor aspecto en un lugar determinado de la casa.

Sin embargo, al cambiar de sitio la planta, tal vez pierda su lozanía, o se ponga mustia y deslucida aunque las condiciones de luz y riego sean, al parecer, las mismas.

Las razones por las que se produzca el deslucimiento del vegetal pueden ser varias, pero la primera que hay que tener en cuenta es que la planta debe hacer un esfuerzo para adaptarse al nuevo lugar.

◀ *Las plantas de interior crecen en ambientes cálidos y protegidos, en los cuales el cambio de las estaciones apenas es percibido.*

Aunque dos sitios parezcan igualmente iluminados o cálidos, lo cierto es que cada rincón de la casa tiene sus propias cualidades: corrientes de aire, vapor de agua y humedad que puedan llegar desde otros rincones de la casa, horas en que da el sol, el color de las paredes que puede generar una luminosidad diferente en la estancia, la presencia o proximidad con radiadores, etc.

Algunas especies, como el ficus trepador (*Ficus benjamina*), que se adaptan fácilmente

▲ *Es posible que algunas de nuestras plantas no presenten tan buen aspecto como éste. El problema se soluciona con algunos cuidados.*

los distintos lugares en tanto que otras, como la palmera del paraíso (*Kentia forsteriana*), son difíciles de contentar. Por ello, cuando una kentia dé muestras de estar bien, tenga sus hojas lozanas y crezca adecuadamente, lo mejor es no trasladarla a ningún otro lugar porque eso podría, literalmente, matarla.

Para cuidar adecuadamente las plantas de interior es necesario prestar atención a los pequeños cambios que pudieran mostrar; es a través de esos síntomas que se puede saber si tienen alguna enfermedad, si hay algún cuidado que no se le está brindando de forma conveniente, etc. Para que las plantas crezcan sanas es necesario conocer las necesidades de su especie ya que de este modo se les podrán proporcionar todos los elementos para crearles un entorno lo más parecido posible al natural.

Agua

El riego es imprescindible porque es la fuente de alimento de la planta. Todo vegetal que

pase un tiempo sin agua, termina por deshidratarse y morir.

Las necesidades hídricas de cada especie difieren de las de otras, por ello una de las primeras cosas que deben hacerse antes de comprar una planta es averiguar la frecuencia con la que deberá ser regada y el mejor sistema para hacerlo.

Sin este dato se corre el riesgo de deshidratarla por escasez de agua o de pudrir sus raíces por hacer un aporte excesivo.

Todas las plantas tienen un período de reposo que, en la mayoría de las especies, coincide con el invierno, la estación más fría.

En esta época del año, los días son más cortos, la luminosidad natural es menor por lo que hay menos horas dedicadas a la fotosíntesis.

La vitalidad general se atenúa y, por ello, entra en un estado en el que no se observa casi crecimiento de hojas y tallos.

Como la planta fotosintetiza menos por falta de luz, necesita menos aporte energético para mantenerse y la absorción de sustancias nutricias del subsuelo es menor. Por ello es necesario espaciar los riegos ya que se corre el riesgo de encharcar la tierra y pudrir las raíces.

Al llegar la primavera, empezarán a aparecer los primeros brotes y ésta será la señal de que la planta vuelve a retomar la actividad. Entonces necesitará un aporte mayor de agua por lo que los riegos deberán ser más seguidos.

Lo importante es tener en cuenta que son más las plantas de interior que mueren por riego excesivo que las que mueren por falta de riego. La mejor norma para quienes no sepan calcular cuánta agua deben echar es esperar a que la tierra esté completamente seca y las hojas empiecen a perder turgencia. Sólo entonces deberá regarse el tiesto.

Si se cuenta el tiempo en que tarda la maceta en quedar seca otra vez, se podrá precisar qué día la planta mostrará signos de falta de agua y regarla el día anterior a que esto suceda.

Si la luz es insuficiente, la planta no puede realizar la fotosíntesis y, por lo tanto, le es imposible seguir creciendo y alimentándose.

Los síntomas propios de la falta de luz son la palidez, el escaso crecimiento, el aspecto débil y la ausencia de flores. Hay zonas de la casa que, aunque no tengan luz directa, pueden querer decorarse con alguna planta. En este caso conviene tener dos de manera de poder ponerlas cada 15 días en un lugar iluminado para que repongan fuerzas.

Eligiendo una especie que soporte mejor la oscuridad y alternándolas del modo que se ha indicado, pueden durar mucho tiempo e, incluso, crecer adecuadamente.

No todas las plantas requieren mucha luz; hay especies que se han desarrollado en la sombra. Habrá que situarlas en lugares donde los rayos del sol no sean nunca directos.

Luz

Para crear sus propias estructuras (hojas, ramas, flores, frutos) los vegetales necesitan transformar las sales que absorben del suelo en compuestos orgánicos.

Se hace captando la energía luminosa que se transforma en energía química.

Temperatura

Las plantas de interior suelen proceder de regiones cálidas, con temperaturas que oscilan entre los 13 °C y 24 °C, por esta razón se pueden desarrollar en lugares cerrados, que las protejan de los fríos invernales y del calor extremo en verano.

Estas especies son muy sensibles a los cambios de temperatura, de modo que si se las coloca muy próximas a las ventanas, donde reciben buena luz y calor durante el día pero mucho frío durante la noche, presentan en poco tiempo síntomas de deterioro.

Otro tanto sucede si se encuentran en lugares donde haya corrientes de aire frío. Las casas con calefacción presentan otro problema: la falta de humedad. El calor elevado tiende a provocar la evaporación del agua de los

▲ *La luz es esencial para las plantas porque de ella obtienen la energía para vivir.*

no es así, adquieren un aspecto enfermizo, amarillento y frágil. Para reponer las sales que la planta consume, es necesario abonar la tierra periódicamente ya que, de no ser así, se agota.

Hay muchos tipos de abono en el mercado; algunos son generales y tienen una mezcla de todos los nutrientes necesarios; otros, en cambio, son indicados para suplir carencias específicas de un suelo.

Un exceso de abono también puede ser perjudicial y cuando esto sucede la planta da signos de marchitamiento.

La razón es que las sales pueden formar precipitados alrededor de las raíces y quemarlas o impedirles una correcta absorción.

Durante los meses de otoño e invierno no es conveniente echar abono.

tiestos a la vez que obliga a la planta a transpirar más, a necesitar más agua.

La manera de solucionar este problema es agrupar las plantas lo más posible y pulverizarlas regularmente las hojas; de este modo se podrá crear un microclima adecuado para su perfecto desarrollo.

Para mantener la tierra húmeda sin que llegue a encharcarse se puede poner el tiesto, rodeado de musgo húmedo, dentro de un recipiente mayor. Esto da resultado si el tiesto es de barro, poroso, pero no si es de plástico.

Para que el ambiente no se reseque demasiado en invierno, se puede poner sobre los radiadores un cuenco con agua.

En la medida en que el agua sube por efecto de la evaporación, humedece el aire que rodea a la planta.

Nutrientes

La tierra de las macetas debe proveer a las plantas todos los nutrientes que necesitan; si

CONSEJOS PARA UNA BUENA COMPRA

A la hora de adquirir ejemplares nuevos, se observará sobre todo que no estén contaminados con alguna plaga o enfermedad.

- Hay que fijarse si las hojas están manchadas o rotas, que anuncien la presencia de hongos u otras plagas.
- Comprobar si el aspecto general es mustio, con los troncos lacios y las puntas caídas.
- Observar si los troncos son demasiado altos y despoblados.
- Las hojas de la planta adquirida no podrán tener las puntas quemadas.
- Las hojas no estarán amarillentas ni poco firmes, lo que denotaría falta o exceso de riego.
- Comprobar si las hojas están rizadas o partes de la planta están mustias.

PLAGAS. TIPOS DE INSECTOS Y DE PLAGAS

LA PRESENCIA DE ALGUNOS insectos en las plantas no es motivo de alarma; sin embargo si la planta da muestras de debilitamiento, es necesario separarla de las demás para que la infección no se propague y tratar de erradicar los insectos.

Una plaga la constituyen muchos organismos alimentándose de uno o más ejemplares; es el equivalente a una infección.

En sus primeros estadios, cuando los organismos aún no se han extendido demasiado, es posible eliminarlos con ayuda de un pequeño pincel o con un algodón empapado en alcohol o en agua jabonosa.

▲ *La actuación frente a las plagas ha de realizarse en los primeros momentos.*

Limpiando las hojas afectadas con estas sustancias, es posible que los organismos que las afectan mueran. Cuando la plaga se halla muy extendida, lo más aconsejable es recurrir a un producto especial para combatirla.

En el mercado hay insecticidas que atacan a un amplio grupo de plagas e insectos sin tener especificidad sobre ninguno, pero siempre es conveniente identificar el organismo que ha causado la infección y comprar un preparado especialmente indicado para ese tipo de plaga.

Es importante revisar muy bien las plantas que se adquieren o que se reciben como regalo antes de ponerlas cerca de las que se poseen.

Normalmente las plagas en las especies de interior se producen cuando llega a la casa un nuevo ejemplar infectado.

Durante la primavera y el verano la posibilidad de que surjan plagas es más alta, como así también la velocidad de multiplicación de los organismos.

Tipos de insecticidas

Los insecticidas se comercializan en diferentes formatos: en polvo, líquidos, en pastillas, aceites, etc. Según la manera en que se apliquen actuarán de un modo completamente diferente.

Hay dos grandes tipos de pesticidas: los que actúan por contacto y los sistémicos. Los que pertenecen al primer grupo se utilizan fumigando con ellos la planta; el insecticida queda adherido al tallo y a las hojas y de este modo envenena a los insectos que intenten dañarlas.

Su inconveniente es que los brotes nuevos que aún no se hayan desarrollado al momento de hacer la fumigación, quedarán desprotegidos hasta no volver a echar el insecticida.

Pulgones

Son insectos que miden de uno a dos milímetros de longitud.

La forma de su cuerpo es ovoide y tienen dos tubos en el abdomen por los que segregan un líquido azucarado.

Representan un serio inconveniente para las plantas ya que las hembras y sus larvas viven apiñadas sobre las hojas y las partes más tiernas, alimentándose de su savia.

• SÍNTOMAS DE LA INFECCIÓN. Hojas retorcidas y curvadas, estancamiento del creci-

PULGONES
Los pulgones son insectos muy dañinos que, habitualmente, atacan a las plantas de exterior que pueden infectar a las de interior que estén próximas a ellas.

miento. Los brotes y capullos florales se cubren casi por completo de pequeños insectos que pueden ser negros, verdes, marrones o grises. Éstos succionan la savia y depositan sobre la planta una secreción pegajosa y azucarada sobre la cual, a menudo, se desarrolla un moho oscuro.

Este moho, además de deteriorar el aspecto visual de la planta, perjudica enormemente las hojas ya que impide una correcta ventilación y respiración.

CONSEJOS PARA PREVENIR LAS PLAGAS

Hay que tener las plantas de interior libres de plagas. Para ello, se deben tomar ciertos cuidados que apuntan todos ellos a la prevención:

• Eliminar las malas hierbas procedentes del exterior ya que pueden albergar plagas.

• Quitar las partes muertas de la planta: hojas, ramas secas, flores, frutos, etc. y mantener limpios los tiestos.

• A la hora de trasplantar las plantas a nuevas macetas, utilizar un compost esterilizado en el que no haya estado plantada ninguna otra especie con anterioridad.

• La tierra contaminada con ciertas plagas se puede desinfectar con una infusión de hojas de ortiga.

• Revisar regularmente los tallos y el envés de las hojas en busca de larvas.

• Si la plaga se detecta desde sus inicios, es mucho más fácil de combatir con éxito.

• Aislar las plantas afectadas para que no contaminen a las demás.

• No juntar las plantas de interior con las del exterior, porque son más propensas al ataque de plagas.

• Cuando se compruebe que una planta ha sido infectada, tratarla con insecticidas específicos.

Aunque casi todas las plantas de interior pueden ser atacadas por pulgones, lo habitual es que este problema sólo se presente en aquellas que han estado en contacto con plantas del exterior.

Algunas, como el beloperone (*Beloperone guttata*) y el caladio (*Caladium bicolor*) son más propensas a sufrir las infecciones de pulgones que otras.

● TRATAMIENTO. Retirar las hojas y los brotes dañados. Lavar la planta con una solución jabonosa retirando los pulgones con un cepillo o, mejor aún, aplicar un insecticida específico contra esta plaga.

Por lo general los productos para combatir pulgones se venden en aerosol y suelen tener un olor fuerte, de modo que es aconsejable sacar la planta al exterior para que se airee o ventilar muy bien el lugar donde se haya utilizado el insecticida.

Un remedio casero para combatir pulgones consiste en enterrar un diente de ajo al pie de cada planta afectada.

El ajo contiene elementos que resultan letales a los pulgones. Así, cuando sean absorbidos por la raíz de la planta, éstos ayudarán a librarla o protegerla de la plaga.

Cochinillas

Las cochinillas son, junto a los pulgones, una de las plagas más comunes en plantas ornamentales y cuentan con una amplia variedad de especies.

Esta plaga chupa la savia y debilitan la planta entera.

Según la especie y el tipo de clima, pueden darse hasta tres generaciones de cochinillas en un año.

COCHINILLAS
Las cochinillas, como todos los insectos que parasitan a las plantas, se alimentan de savia.

● SÍNTOMAS DE LA INFECCIÓN. Las hojas se ponen amarillas y se marchitan; la planta entera se deforma.

Se pueden detectar las cochinillas a simple vista, sobre todo adheridas al envés, pecíolos y axilas de las hojas.

Lo más característico de las cochinillas es ver en las hojas los huevos, que se depositan en masas lanosas.

Esta plaga suele afectar a la palma de Canarias (*Phoenix canariensis*) y a la palma del paraíso (*Kentia forsteriana*).

● TRATAMIENTO. Es necesario eliminar las partes muy afectadas de la planta a fin de que la infección no se propague.

Como esta plaga prolifera mejor en sitios secos y cálidos, una buena medida que ayudará a combatirlas es poner la planta en un lugar más frío y luminoso.

Si la colonia es joven, se la puede rociar con insecticidas en aerosol.

Si esto no diera resultado, empapar en alcohol un bastoncillo de algodón y pasarlo sobre las hojas hasta haber eliminado todos los rastros de cochinillas.

Lecaninos

Los lecaninos aparecen en forma de conchas marrones pegadas a los tallos o a las nervaduras de las hojas.

Estas costras, cuando la infección es importante, cubren casi por completo el tallo y terminan provocando la muerte de la planta. Las costras son adultos inmóviles y bajo ellos, hay multitud de nuevos individuos dispuestos a alimentarse de la planta y a reproducirse extendiendo la plaga.

Prefieren ambientes cálidos y húmedos por eso, entre las plantas más afectadas están los helechos, como el polipodio (*Polypodium sp.*) y el asplenio bulboso (*Asplenium bulbiferum*).

● Síntomas de la infección. En el envés de las plantas se observan las conchas marrones. Si la plaga es importante, las hojas se vuelven amarillas y pegajosas.

● Tratamiento. Rociar la planta con un insecticida de contacto especial para lecaninos.

Hay que eliminar las pequeñas conchas con ayuda de un pincel o con un bastoncillo de algodón empapado en insecticida o alcohol. Si la infección estuviera muy extendida, es aconsejable una buena poda como último recurso. Es muy importante mantenerla separada de las demás plantas para que la plaga no se extienda.

Trips

Los trips son diminutos insectos, voladores, de alas negras, que succionan la savia y provocan un serio debilitamiento de la planta.

● Síntomas de la infección. Los insectos producen unas manchas que pueden ser anaranjadas o blancas, rodeadas de motas negras. Posteriormente determinan el enrollamiento de

TRIP
El característico color plateado del trip permite identificarlo fácilmente.

las hojas. En las zonas afectadas puede aparecer, posteriormente, un hongo.

Las plantas más vulnerables al ataque de los trips son las fucsias (*Fucsia sp.*), la begonia (*Begonia sp.*) y el crotón (*Codiacum sp.*).

● Tratamiento. La forma de erradicar esta plaga es rociar toda la planta con un insecticida específico de contacto, dos veces al día.

Mosca blanca

Son pequeñas moscas de forma triangular, de tres milímetros de largo que tienen un aparato chupador que clavan en la hoja para alimentarse con la savia.

Hay varias especies de mosca blanca, pero la que afecta con mayor frecuencia a las plantas de interior es la mosca blanca de los invernaderos (*Trialeurodes vaporiorum*).

Se reproducen, como mínimo, cuatro veces al año pudiendo producir hasta diez generaciones, una por mes, lo que las convierte en una plaga que se extiende con extrema facilidad.

Cada generación se cuenta desde que se pone el huevo hasta que muere el insecto. Las larvas tienen un color verdoso. Las hembras ponen los huevos en el envés de las hojas y allí, las moscas, cumplen su ciclo vital. Si la rama se sacude, se puede ver una nube de pequeñas moscas blancas.

• Síntomas de la infección. Las hojas empiezan a cubrirse de manchas amarillentas; pierden color, se marchitan y al final se caen.

Los insectos segregan una especie de melaza dulce y pegajosa y, sobre ella, se suele asentar, además, un hongo llamado negrilla o mangla (*Fumaginas sp.*). La planta es, por lo tanto, atacada por dos vías: las moscas adultas y las larvas chupan la savia y la debilitan; el hongo que recubre sus hojas deteriora su capacidad respiratoria y fotosintética.

Otro peligro propio de la mosca blanca es que puede transmitir virus de una planta a la otra, extendiendo de este modo ciertas enfermedades. Esta plaga ataca, sobre todo, a begonia (*Begonia sp.*), fucsia (*Fuchsia sp.*), alegría de la casa o miramelindo (*Impatiens sp.*) y geranio (*Pelargonium sp.*).

• Tratamiento. Se puede contribuir al control de la plaga lavando la planta con agua jabonosa y enjuagándola muy bien.

Se pulverizará con un insecticida específico dos veces al día.

Orugas

Son la primera fase de formación de los lepidópteros. Al tiempo, tejen un capullo y sufren una profunda metamorfosis que las transforma en mariposas.

Hay muchísimas especies que atacan a diferentes plantas. La mariposa africana o taladro del geranio, una mariposa de dos centímetros de envergadura, ataca sólo a diferentes tipos de geranios. Desovan en los capullos y, cuando salen las larvas, se comen las flores o penetran en los tallos devorándolos.

• Síntomas de la infección. En los tallos se pueden percibir agujeros pequeños negros, que es por donde entran las larvas. Las hojas aparecen mordidas y rotas, a menudo enrolladas con algunos hilos al tallo.

La planta no crece, no florece y cada vez tiene peor aspecto.

Las orugas devoran las hojas con una voracidad asombrosa; pueden acabar con una planta en un corto espacio

• Tratamiento. En el caso de las orugas, mejor es prevenir que curar.

Cada vez que entre una planta nueva en la casa, ya sea que venga de un vivero o que haya sido recibida como regalo, es necesario inspeccionarla muy bien para comprobar que no está infectada.

Los agujeros en el tallo, las hojas mordidas y la presencia de hilos pueden advertir la presencia de estos insectos. Una vez que las larvas se han metido en los tallos, como ocurre en la mariposa africana, la plaga es difícil de controlar, pero teniendo paciencia y utilizando un insecticida específico durante varios meses, la planta puede salvarse.

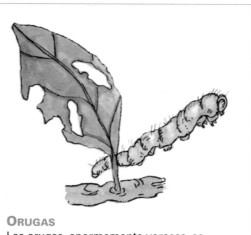

Orugas
Las orugas, enormemente voraces, se alimentan de hojas y terminan con ellas en muy poco tiempo.

▲ *Las orugas desovan en los capullos y, cuando salen las larvas, se comen las flores.*

Tijeretas

Son insectos marrones, con hábitos nocturnos. De día, se ocultan y de noche salen a comer.

● SÍNTOMAS DE LA INFECCIÓN. Las hojas y las flores aparecen con agujeros. A veces, de las hojas quedan sólo las nervaduras.

● TRATAMIENTO. Como se pueden observar perfectamente a simple vista, retirarlas de la planta y luego rociar ésta y la zona con un insecticida específico.

Ciempiés

Son insectos que incluyen varias especies; suelen estar activos por la noche.

● SÍNTOMAS DE LA INFECCIÓN. Las hojas aparecen mordidas, con agujeros. Los ciempiés pueden verse a simple vista, en cuyo caso conviene retirarlos de la planta.

● TRATAMIENTO. Se recomienda eliminar los insectos de uno en uno; no es necesario el uso de insecticida.

Araña roja

Son unos arácnidos muy pequeños, que tienen medio milímetro de longitud. Se asientan, sobre todo, en el envés de las hojas.

Si se sospecha su presencia, conviene mirar la parte de atrás de las hojas con una lupa. Si la planta está infectada podrán verse unos puntitos rojos moviéndose entre las nervaduras.

● SÍNTOMAS DE LA INFECCIÓN. En ocasiones, las arañas tejen una finísima tela por el envés de las hojas, cosa que delataría su presencia, pero a veces no. Otro síntoma que puede presentar la planta son puntitos donde la hoja se decolora, se vuelve amarillenta.

Cuando la infección aumenta, las hojas se abarquillan y, finalmente, mueren.

Habitualmente las hojas afectadas muestran una zona amarilla en la nervadura central que denota la presencia de las larvas.

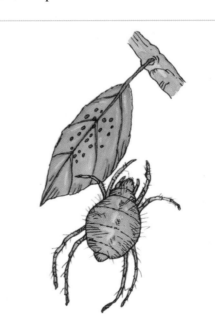

LA ARAÑA ROJA
La araña roja, que se sitúa en el envés de las plantas alimentándose de su savia, es muy difícil de localizar en plantas con hojas coloreadas.

◀ Procure mantener alejados del resto de las plantas aquellos ejemplares que considere infectados por alguna plaga.

las hojas se vuelven pálidas y se caen, la planta no crece adecuadamente.

• TRATAMIENTO. Conviene sacar la planta del tiesto, sacudirla para que la tierra se desprenda de sus raíces o, en su defecto, lavar éstas con agua no muy fría a fin de despojarlas de las larvas. Habrá que poner tierra nueva aunque no es fácil conseguir que la planta se recupere.

Las arañas rojas causan más estragos en la temporada estival ya que, con el calor, se multiplican con mayor rapidez.

• TRATAMIENTO. Las arañas rojas rechazan la humedad; necesitan un clima seco.

Pulverizando las hojas afectadas con agua solamente, se podrá ejercer algún control sobre la plaga. Conviene poner las plantas atacadas en un lugar frío y sombrío, con las hojas mojadas. El abono nitrogenado favorece esta plaga de modo que habrá que evitar cualquier exceso con este producto.

Se comercializan aceites minerales que, untados sobre las plantas afectadas, eliminan las arañas rojas que se esconden bajo la corteza de las plantas leñosas.

Melolontha

Son varias las especies de escarabajos cuyas larvas pueden afectar seriamente a las plantas; entre otros, el gusano blanco o melolontha.

Las larvas tienen una vida muy larga ya que permanecen en ese estado de tres a cuatro años; luego se transforman en escarabajos.

Como adultos, no representan ningún peligro sin embargo, como larvas, viven en el suelo y se alimentan de raíces.

• SÍNTOMAS DE LA INFECCIÓN. Al deteriorarse las raíces, la planta no se alimenta adecuadamente por lo que da señales generales de enfermedad y deterioro. No crece, no florece, las hojas se caen y los tallos pierden turgencia.

• TRATAMIENTO. Como las larvas se encuentran en la tierra, es necesario cambiar ésta; a ser posible, lavando antes las raíces para eliminar lo más posible los organismos que la infectan.

Es importante no utilizar el compost de la planta infectada ya que cualquier otra que se plantara en él, correría la misma suerte que la anterior.

Mosquito del suelo

Los ejemplares adultos de este insecto, que vuelan sobre el suelo, son inofensivos pero sus larvas, que tienen la cabeza negra, se meten en la tierra y pueden, ocasionalmente, alimentarse de raíces tiernas deteriorando la planta.

• SÍNTOMAS DE LA INFECCIÓN. Debilitamiento general de la planta, pérdida de turgencia,

Nematodos

Los nematodos son unos gusanos diminutos, que apenas alcanzan al milímetro de longitud y que se pueden observar al microscopio. Poseen un aguijón con el que extraen las sustancias nutritivas de las células. Pueden atacar diferentes especies; casi todas son vulnerables a estos organismos.

● SÍNTOMAS DE LA INFECCIÓN. Los nematodos producen en la raíz unos quistes, unas tumefacciones que estropean los vasos que transportan savia o nutrientes privándole a la planta de una alimentación adecuada.

Sin embargo, estos quistes no suelen ser la causa de la muerte del vegetal: en los tejidos dañados proliferan los hongos típicos del suelo que son quienes, a la larga, le hacen más daño.

● TRATAMIENTO. Una de las maneras de evitar los nematodos consiste en utilizar, en la medida de lo posible, composts esterilizados.

Si se ha tenido una planta infectada no volver a utilizar la tierra para plantar otra ya que así se esparcirá la plaga.

Cuando se compren ejemplares con la raíz desnuda, es conveniente revisarlas para detectar posibles hinchazones o irregularidades debidas a estos parásitos. Para eliminarlos, quitar de la planta las raíces afectadas y, antes de plantar nuevamente la raíz, sumergirla en alguna solución insecticida para asegurarse de que los parásitos han sido exterminados.

Babosas y caracoles

Aunque estas plagas son más propias de los jardines que de las plantas de interior, es necesario saber que estos animales provocan des- trozos en los vegetales y que es necesario exterminarlos.

● SÍNTOMAS DE LA INFECCIÓN. Las hojas aparecen rotas, mordisqueadas y es probable que en algunos lugares se perciba el rastro brillante de las babas que dejan.

● TRATAMIENTO. Si bien hay productos especiales para estas plagas, los molusquicidas, es difícil que sea necesario su uso. Los caracoles y babosas que pueda haber en el interior nunca serán muchos, sino alguno que otro que pueda aparecer esporádicamente.

NORMAS PARA EL USO DE PESTICIDAS

Cuando se recurra a los pesticidas, se tendrá en cuenta que son sustancias tóxicas.

● Los animales domésticos y las personas que estén en un ambiente en el cual se hayan utilizado pesticidas pueden mostrar reacciones alérgicas.
● Hay pesticidas que sólo pueden ser utilizados en ciertas especies porque resultan altamente perjudiciales.
● Los restos de insecticidas que se han utilizado quedan depositados en la tierra y sobre la planta.
● Es necesario tener cuidado de que los niños no las toquen, ya que si se llevan luego las manos a la boca podrían intoxicarse.
● El uso de pesticidas no garantiza que la plaga sea necesariamente erradicada.
● No conviene abusar de los pesticidas pues si no hacen efecto y se continúan utilizando lo más probable es que la plaga se haga mucho más resistente.
● Nunca hay que emplearlos de forma generalizada sino puntual, rociando sólo los ejemplares afectados.

LAS ENFERMEDADES DE LAS PLANTAS DE INTERIOR

LAS PLANTAS ENFERMAN a menudo. Normalmente a causa de agentes infecciosos. Entre éstos, los más comunes son los virus y los hongos.

A la hora de adquirir nuevos ejemplares, es importante revisar las hojas, tallos y raíces para comprobar que no se encuentren afectadas por enfermedad alguna y evitar, de esta manera, que el resto de las plantas se contagie.

Cuando un ejemplar ha sido atacado por un virus, el mejor camino a tomar es deshacerse de ella.

Naturalmente también habrá que desechar la tierra en la cual ha estado la planta afectada ya que lo más probable es que si se usa para otro ejemplar, éste termine siendo infectado.

Las infecciones víricas no son muy comunes debido a que el compost que se utiliza suele estar esterilizado.

Las enfermedades producidas por hongos son más comunes y hay varios factores que favorecen su aparición:

- Ventilación deficiente.
- Excesiva humedad.
- Bajas temperaturas.

▲ Las razones por las cuales una planta llega a enfermar, son muchas y muy variadas, pero algunas, como la falta de nutrientes, agua o luz, las debilitan y les impiden defenderse de los ataques de diferentes hongos e insectos.

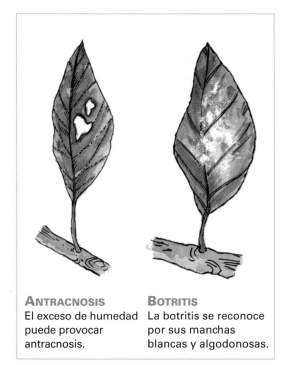

ANTRACNOSIS
El exceso de humedad puede provocar antracnosis.

BOTRITIS
La botritis se reconoce por sus manchas blancas y algodonosas.

Cada planta tiene requerimientos específicos y cuanto más se ciñan a ellos los cuidados que se le prodiguen, más protegida estará de todo tipo de enfermedades.

Antracnosis

El agente patógeno que produce esta enfermedad es un hongo que prolifera tanto en ambientes cálidos y con un elevado grado de humedad.

Por lo general ataca a diversas especies de palmeras y ficus, aunque también puede afectar a otras especies.

• Síntomas de la infección. Aparecen manchas y rayas marrones en las hojas, sobre todo en la parte más próxima a la punta. Los daños que produce este hongo no suelen ser graves. El mayor problema es estético.

• Tratamiento. Eliminar las hojas dañadas. Si se cortan las puntas afectadas, hacerlo con una tijera afilada.

Hay que pulverizar la planta entera con un fungicida específico y no regar durante un par de semanas para frenar la reproducción de los hongos.

Botritis

El botritis (*Botrytis cinerea*) es un hongo que pudre la base de los tallos, los brotes, las hojas, las flores y los frutos.

Puede atacar a todo tipo de plantas, pero prefiere las de hojas blandas: begonia (*Begonia sp.*), violeta africana (*Saintpaulia ionantha*) o ciclamen (*Cyclamen persicum*).

Prolifera a temperatura suave y humedad alta, en lugares con ventilación deficiente.

• Síntomas de infección. Las hojas, flores, frutos, base de los tallos y brotes se cubren de un moho gris.

Las partes afectadas terminan por pudrirse. El hongo comienza la infección entrando por heridas que se producen en la planta a causa de insectos, rozaduras o, en las que se cultivan al aire libre, por el granizo o las aves.

• Tratamiento. Retirar las partes afectadas de la planta y renovar la tierra desechando el compost infectado. Se colocará el tiesto en un lugar que tenga mejor ventilación y se rociará con un fungicida.

Una forma de evitar las infecciones de botritis es procurando que nada hiera la planta; el hongo entra, precisamente, por las heridas y de ahí se extiende a todo el organismo.

Es necesario poner mucho cuidado cuando se poden las plantas ya que se pueden causar heridas a la planta que faciliten la infección del hongo.

Es mejor regar las plantas sensibles a botritis por abajo, poniéndolas sobre un plato

MILDIU
El mildiu es característico de los ambientes húmedos.

MOHO NEGRO
El moho negro crece en las secreciones de ciertos insectos.

Mildiu

El mildiu (*Peronospora sparsa*) es una de las enfermedades más comunes de las que pueden afectar a una planta. Sólo se desarrolla en días nublados y de mucha humedad. No hay peligro cuando los días son soleados y las hojas de las plantas están secas.

Para que las esporas del hongo germinen es necesario que la temperatura sea más bien alta, de unos 24 °C, y que la planta esté húmeda o mojada durante, al menos, diez horas.

Una vez que se produce la infección de este hongo resulta casi imposible curarla, de ahí que lo más recomendable sean los tratamientos y controles preventivos.

Se transmite de una planta a otra con muchísima rapidez, por lo que es preferible deshacerse o apartar inmediatamente el ejemplar afectado para que la plaga no se propague. Una

con agua durante un rato hasta que absorban lo que necesitan y luego sobre un lugar seco para que la tierra del tiesto no se encharque.

▲ *Hay insectos, como pulgones y lecaninos, que segregan un jugo azucarado y pegajoso para atacar a la planta. De esta sustancia se alimentan algunos hongos, como el moho negro, que pueden dañar seriamente el ejemplar.*

de las plantas más vulnerables a este hongo es el calancoe (*Kalanchoe bloss-feldiana*).

• Síntomas de la infección. Al comienzo se observan en las hojas unas manchas amarillas o decoloradas que se esparcen normalmente por el borde y la punta.

Con el tiempo el hongo madura y las manchas se vuelven parduzcas y aparece en el envés de las hojas, en el sitio que se corresponde con el lugar donde están las manchas, un moho color blanco que tiene la apariencia de una sustancia harinosa.

Las hojas terminarán por marchitarse y caerán. En los tallos, flores y frutos también se pueden observar las típicas manchas pardas.

• Tratamiento. Podar las partes infectadas y rociar la planta entera con un fungicida rico en cobre.

Moho negro

Aparece en las plantas tras el ataque de pulgones. Prácticamente, no daña a la planta pero sí le produce un deterioro estético. Las hojas de hiedra (*Hedera helix*) son muy propensas a ser atacadas por este hongo.

• Síntomas de la infección. Manchas negras de un moho como de hollín que cubre las hojas y los tallos.

Este moho tapa los estomas y reduce su capacidad respiratoria. Las plantas atacadas por el moho negro tienen un crecimiento mucho más lento.

• Tratamiento. Para que el moho negro desaparezca del todo, en primer lugar habrá que combatir los pulgones o el cóccido que esté atacando a la planta.

Después, una vez que éstos hayan sido erradicados, se limpiarán cuidadosamente las hojas y los tallos afectados. Por último, se dejará reposar la planta unos cuantos días para que se asiente y luego se rociará con fungicida para completar el trabajo.

Podredumbre del tallo

La produce un hongo llamado *Phytium* y es una enfermedad grave que puede acabar con la vida de la planta.

• Síntomas de la infección. La base del tallo se reblandece, se tuerce, se humedece y se pudre. El hongo que la causa se difunde muy rápidamente, razón por la cual una vez que se ha detectado la enfermedad hay que ponerle rápidamente remedio.

Este hongo ataca plantas con roseta de hojas, como las bromelias, así como la base de los tallos de begonia y de cactus.

• TRATAMIENTO. Deberá podarse a fondo la planta, cambiarla de tiesto y renovar el compost. Será conveniente espaciar los riegos y hacerlos menos abundantes. Rociar el ejemplar con fungicida. Estas medidas se podrán tomar si la infección es incipiente ya que si el hongo se halla muy extendido, lo mejor será deshacerse de la planta, del tiesto y del compost para evitar que la plaga se extienda a otros ejemplares.

tes patógenos, normalmente a través de un compost infectado.

• SÍNTOMAS DE LA INFECCIÓN. Se reblandecen los tallos, se retuercen y pierden vigor. Terminan por pudrirse completamente.

• TRATAMIENTO. Eliminar las plántulas afectadas para que no contagien a las demás y tener éstas controladas. Espolvorear el tiesto con un fungicida que contenga cobre y colocar el tiesto en un lugar bien ventilado.

Como método preventivo se pueden tratar las semillas y el compost en el que se van a sembrar con este mismo producto.

Podredumbre de las plántulas

Las plántulas que se generan por semillas, pueden verse afectadas por diferentes agen-

▲ Las puntas de las hojas se suelen marchitar por la exposición directa a los rayos solares.

Podredumbre de la raíz

El agente infeccioso es un hongo que puede matar a la planta con mucha rapidez o, por el contrario, muy lentamente; ello depende de la forma en que haya incidido en las raíces, del tipo de hongo que haya atacado al vegetal y del tamaño de éste.

Las colonias de hongos que pudren las raíces se desarrollan, sobre todo, cuando el riego es excesivo.

Las begonias (*Begonia rex* y *Begonia masoniana*) son muy vulnerables a este problema.

• SÍNTOMAS DE LA INFECCIÓN. Los síntomas que se observan en la parte aérea de las plantas afectadas pueden ser confundidos con los de otras enfermedades, porque son varios los hongos que pueden generar la pudrición de las raíces, por un lado y, por otro, la pudrición de las raíces genera deficiencias de absorción de nutrientes, trastorno que también aparece en otras enfermedades.

Las hojas se vuelven primero amarillas, luego pardas y finalmente se caen.

▲ *Aunque la sequía es el gran problema de las flores, hay que tener en cuenta su ciclo vital.*

En los tallos, el espacio entre dos nudos es más corto.

El debilitamiento general de la planta es evidente.

• TRATAMIENTO. La primera medida a tomar es espaciar más los riegos y echar en ellos menos cantidad de agua.

Se pulverizará con fungicidas que tengan en su composición el cobre como elemento dominante. Sin embargo, es necesario tener en cuenta que hay muchas plantas que no toleran este tipo de productos.

Si la infección está muy desarrollada y se quisiera salvar la planta, habría que quitarla del tiesto, cortar con cuidado las raíces podridas y las partes aéreas que estén deterioradas y volverla a plantar en un tiesto que tenga compost nuevo y seco. A partir de entonces, se tendrían que espaciar los riegos.

En ocasiones, las raíces se pudren porque se deja debajo de la planta un plato que retiene el agua.

Puede usarse éste como forma de riego permanente en algunas especies, sin embargo en otras es mejor quitarlo.

Virus

Hay múltiples virus que pueden afectar a las plantas, la mayoría de los cuales son transmitidos por insectos. Las plantas más sensibles a estas infecciones son la begonia (*Begonia sp.*), primavera (*Primula sp.*) y geranio (*Pelargonium sp.*).

• SÍNTOMAS DE LA INFECCIÓN. Pueden ser muy variados, pero entre los más comunes pueden citarse la reducción del crecimiento, encrespamiento de las hojas, manchas amarillentas, tallos deformados, cambio de color en las flores, rayas blancas en las flores, etc.

• TRATAMIENTO. Curar una planta que padezca una infección vírica, no es fácil; por lo general los resultados no son buenos.

Se pueden utilizar productos que contienen penicilina para retardar la aparición de la enfermedad.

Lo más correcto es mantener la planta libre de insectos pues son éstos los que transmiten los virus. Si hay una planta afectada, hay que apartarla de las demás para evitar los contagios.

LAS ENFERMEDADES PRODUCIDAS POR UNA NUTRICIÓN INCORRECTA

CUANDO EL SUELO no tiene los nutrientes adecuados, la planta enferma.

Distinguir qué es lo que la planta necesita no siempre es fácil. Muchos síntomas de carencias pueden confundirse con los de otras enfermedades pero algunos de ellos son lo suficientemente claros como para que, conociéndolos, se pueda poner

◄ ▼ *A la hora de cultivar una planta de la especie que sea, hay que tener en cuenta que, con el tiempo, los nutrientes de la tierra se agotan porque son consumidos por el vegetal. El agua no es suficiente alimento por ello, cada cierto tiempo, es necesario echar en el compost algún fertilizante o usar abono foliar.*

remedio al trastorno con la mayor brevedad posible.

Muchos productos que pueden subsanar las carencias de una planta, pueden ser sumamente tóxicos y perjudiciales para otra especie.

Por ello hay que tener mucho cuidado a la hora de utilizarlos y leer previamente las indicaciones de los envases.

Si no se está seguro de los resultados que se vayan a obtener, mejor es abstenerse de abonar o añadir nutrientes a un tiesto.

Clorosis

Está producida por un exceso de cal en el agua o en la tierra.

▶ *Una de las razones más comunes que causan la muerte de las plantas de interior, es el exceso de riego. Cuando esto sucede, la tierra se encharca y no permite la oxigenación de las raíces.*

• SÍNTOMAS. La planta parece raquítica y toma un color amarillento ya que la cal impide a la planta elaborar la cantidad necesaria de clorofila.

• TRATAMIENTO. Para solucionar el problema es necesario corregir la composición de la tierra.

Para ello se puede utilizar un abono ácido y, en última instancia, quelato de hierro.

Hay que dejar en reposo durante 24 horas el agua de riego para que la cal se deposite en el fondo de la regadera sin agravar el problema.

Pérdida de clorofila

A menudo este trastorno se produce porque la tierra de la planta está encharcada.

• SÍNTOMAS. Las hojas y los tallos adquieren un color pálido y deslucido; las hojas pierden turgencia. Se advierte un debilitamiento general.

• TRATAMIENTO. La mejor solución es quitar la planta del tiesto, rectificar el drenaje, poner un compost nuevo con una buena proporción de arena para que la tierra no se encharque y volverla a plantar.

Si tiene un plato debajo, éste no debe tener agua permanentemente para que las raíces no se pudran.

Falta de potasio

La falta de este macronutriente, si es persistente, puede afectar seriamente a la planta.

• SÍNTOMAS. Con la carencia de potasio las hojas se doblan en los bordes, no alcanzan el tamaño que debieran tener y adquieren tonos amarillentos hasta volverse grises.

• TRATAMIENTO. Se puede pulverizar el ejemplar afectado con agua en la cual se ha diluido sulfato de potasio. Se puede añadir a la tierra del tiesto un abono rico en este elemento.

Falta de nitrógeno

El nitrógeno es uno de los macronutrientes; es decir, es uno de los elementos que más necesita la planta para vivir y crecer.

• SÍNTOMAS. La planta se estanca, no crece, las hojas adquieren un color verde-amarillento y todo el aspecto del ejemplar afectado es de debilidad.

● TRATAMIENTO. Esta deficiencia se puede corregir añadiendo al agua abonos nitrosos. Otra solución consiste en agregar a la planta urea diluida.

Falta de magnesio

Al igual que el nitrógeno, este elemento es otro de los cinco macronutrientes.

Es un elemento esencial para la supervivencia de todo tipo de plantas y su carencia provoca en los vegetales un debilitamiento importante.

● SÍNTOMAS. Cuando la planta no recibe el suficiente magnesio, ocurre que las hojas cambian su color verde característico de la especie a la que pertenecen y adquieren tonos que van del blanco al amarillo, con manchas marrones.

● TRATAMIENTO. Se puede corregir pulverizando la planta con un abono foliar rico en magnesio.

Si la planta se encuentra en un momento en el que es conveniente trasplantarla, hay que añadir al nuevo compost un abono rico en macronutrientes.

Falta de fósforo

La falta de este macronutriente afecta, sobre todo, a las plantas con flores.

● SÍNTOMAS. Las flores tardan en formarse y abrirse; además se secan enseguida.

● TRATAMIENTO. Es necesario abonar la planta con superfosfato de cal, después de la floración.

Falta de boro

La carencia de este nutriente se manifiesta, sobre todo, en las hojas y en las flores.

● SÍNTOMAS. Las hojas de la planta afectada se muestran verdes en el centro pero sus bordes empalidecen cada vez más, tornándose primero amarillos y, finalmente, marrones; por último, se caen. En cuanto a las flores, éstas tardan en abrirse más de lo normal e, incluso, pueden llegar a caerse sin haberse abierto.

● TRATAMIENTO. Se puede pulverizar el ejemplar afectado con borato sódico.

También conviene abonar el suelo con un producto rico en boro.

▲ En el mercado hay abonos que contienen nutrientes específicos para fertilizar aquellas plantas que lo requieran.

Decoración con plantas de interior

BENEFICIOS DE LAS PLANTAS DE INTERIOR

LA COSTUMBRE DE DECORAR los patios y las diferentes estancias de una casa con plantas y flores, es muy antigua.

En las ruinas de la ciudad de Pompeya hay muestras de que los romanos utilizaban diferentes especies para crear entornos agradables y armoniosos.

A la hora de adquirir una planta de interior, habrá que optar entre los diferentes tipos de plantas que existen.

Se tendrá en cuenta, como por ejemplo, cuánta humedad ambiental necesita y si el lugar donde se piensa colocar el tiesto le proporciona el entorno adecuado para desarrollarse.

104

▲ *Las plantas con flores, como esta azalea* (Rhododenron simsii), *suman al atractivo de su forma y al verde de sus hojas, el hermoso color de sus flores. Otras, cuya floración es menos atractiva, pueden en cambio perfumar un patio o una estancia con su aroma.*

◄ *Las terrazas acristaladas pueden convertirse en soberbios jardines.*

Hay muchas especies que se pueden cultivar perfectamente en ambientes secos, con poco riego o con una luminosidad moderada.

Lo importante es elegir cada planta según el lugar donde se la quiera poner.

Es importante tener en cuenta la localización de las estufas y las corrientes de aire que se creen habitualmente en cada estancia ya que éstas pueden hacer enfermar a los ejemplares más sensibles a los cambios de temperatura.

BENEFICIOS DE LAS PLANTAS DE INTERIOR EN EL HOGAR

Además de cumplir una función estética innegable, las plantas de interior proporcionan muchos beneficios a los habitantes de una casa.

- Producen sensación de tranquilidad. En la mayoría de las especies sus hojas muestran diferentes tonalidades de verde, color que proporciona sensaciones de calma, seguridad y tranquilidad.

- Durante el día, las plantas consumen el dióxido de carbono del aire que las rodea y expulsan moléculas de oxígeno. Al respecto la única precaución que hay que tomar es la de no poner plantas grandes en el dormitorio, ya que de noche expulsan el dióxido de carbono y consumen el oxígeno.

- Mayor oxigenación del ambiente, en los lugares de trabajo en los que hay plantas se ha comprobado que la eficiencia laboral es mayor.

- Disminuyen hasta en un 20 por ciento la cantidad de polvo que hay en la casa.

- Aumenta la humedad del ambiente.

- Disminuyen la proporción de ciertos gases nocivos de la atmósfera como el formaldehído y el dióxido de nitrógeno.

- Mediante el cuidado a una planta, se puede enseñar a los niños pequeños la

responsabilidad de hacerse cargo de un ser vivo; la importancia de los cuidados, de la alimentación y la satisfacción de verlos crecer.

▲ Sin la presencia de plantas, la vida en el planeta no sería posible ya que, durante el día, los vegetales aportan oxígeno al aire.

PLANTAS PARA VENTANAS

LAS VENTANAS SON EL LUGAR de la casa que más luz solar puede recibir, de modo que en ellas convendrá poner las plantas que requieran mayor luminosidad.

Un factor importante a tener en cuenta es la orientación de la ventana: las que miran hacia el sur proporcionan una excelente luminosidad y temperaturas altas, de modo que no habrá que poner en ellas las plantas que prefieran los lugares sombreados.

El tipo de ventana, sobre todo el color y forma del marco o de las cortinas, también puede ser un factor determinante en la elección de la planta: los marcos de madera de pino, claros, combinan perfectamente con las hojas de verdes oscuros y brillantes; por el contrario si el marco es oscuro, le vendrá mejor una planta con hojas de un verde claro.

Las cortinas de flores exigen plantas más bien sobrias, que pongan una mancha de color uniforme y visible como contraste en tanto que

▲ *Si el balcón o la ventana están orientados al sur, hay que tener cuidado con las plantas sensibles al sol.*

las lisas pueden admitir hojas de diversos colores o plantas con flores.

En la decoración con plantas de interior, lo importante es buscar el lugar en el cual la planta tenga cubiertas sus necesidades y que, además, armonice con el resto de la habitación.

● VENTANAS ORIENTADAS AL SUR. Las plantas que resisten sin problemas la luz del sol son los cactus: aloe (*Aloe arborescens*); cactus

▲ *Las macetas o jardineras con ejemplares de geranio (Pelargonium peltatum), resultan particularmente adecuadas para las ventanas en las cuales los rayos del sol inciden directamente.*

cacahuete (*Chamaecereus silvestrii*), que tiene unas hermosas flores de color rojo intenso; cactus erizo (*Echinocactus grusonii*), de afiladas espinas; o parodia (*Parodia aureispina*), de llamativas espinas blancas y amarillas.

También se pueden poner plantas crasas, crásula (*Crassula arborescens*), con hojas verde claro, ideal para ventanas con marcos oscuros o la variedad de hojas de un verde más intenso (*Crasula argentea*), que puede combinar a la perfección con visillos blancos o marcos de madera de pino clara.

Cuando se trata de cactus o de plantas crasas no hay que temer por un exceso de luz; la mayoría de ellas son ejemplares cuyo ambiente original es desértico. Así resisten muy bien los fuertes calores y los rayos directos del sol.

• VENTANAS ORIENTADAS AL NORTE. Son ventanas sombreadas que, por lo general, reciben la luz indirectamente. Estos lugares acogen una gran variedad de especies que se desarrollan mejor si no reciben los rayos directos del sol: acoro (*Acorus gramineus*), araucaria (*Araucaria excelsa*), aspidistra (*Aspidistra elatior*) o esparraguera (*Asparagus densiflorus*), a menudo considerada erróneamente como helecho, son plantas que, sin necesitar un ambiente excesivamente húmedo, crecerán sin problemas en lugares que tengan una luz tamizada pero constante, como ocurre en las ventanas orientadas al norte.

En ellas pueden ponerse helechos, como el cuerno de alce (*Platycerium bifurcatum*), teniendo la precaución de pulverizar sus hojas para crear el ambiente húmedo que necesitan. Hay plantas trepadoras que pueden ir bien en estas ventanas como el ciso (*Cissus antacrtica*) o la hiedra aralia (*Fatshedera lizei*).

Debajo de las ventanas es común que haya aparatos de calefacción, con lo cual se crea en

▲ *Si el clima es benigno, algunas plantas de interior se pueden colocar en el exterior.*

su proximidad un ambiente cálido pero, tal vez, sin demasiada luz en caso de que la ventana estuviera orientada al norte. Para estos emplazamientos se pueden utilizar plantas de clima subtropical adaptadas a la sombra, como aglaonema (*Aglaonema Crispum*), begonia (*Begonia sp.*), calatea (*Calatea sp*), cintas (*Chlorophytum comosum*), crotón (*Codiaeum sp*), flor de cera (*Hoya carnosa*), maranta (*Maranta bicolor*) o cola de rata (*Peperomia argyreia*).

Si el alféizar es lo suficientemente grande, se pueden hacer en la ventana auténticos jardines interiores con una mezcla de plantas variadas. Si la vista que ofrece la ventana no es muy buena, se pueden poner en el alféizar plantas frondosas que atraigan la atención de la mirada o, también, cestos colgantes situados a contraluz, con ramas de ceropegia (*Ceropegia woodii*) o de senecio (*Senecio rowleyanus*).

Las trepadoras también pueden servir para rodear el marco: las hojas de una hiedra (*Hedera helix*) o de un poto (*Scindapsus aureus*), darán color a una ventana. Tienen la ventaja de ser plantas muy resistentes, de crecimiento rápido, que no necesitan demasiada luz.

PLANTAS PARA LUGARES POCO ILUMINADOS

LOS REQUERIMIENTOS DE LUZ de las diferentes especies son muy amplios y conforman una gama que se extiende desde aquellas plantas que necesitan una luz intensa y constante a las que prefieren la sombra. De hecho, la mayoría suele preferir lugares iluminados pero alejados de los rayos directos del sol.

En las selvas tropicales y subtropicales hay muchas plantas que crecen bajo las copas densas de los árboles y a las que apenas llega la luz del sol. Estas plantas pueden adaptarse a ambientes con muy poca iluminación, siempre y cuando encuentren las condiciones de temperatura y humedad adecuadas.

Algunas de ellas, como la costilla de Adán (*Monstera deliciosa*) tienen hojas muy grandes y crecen rápidamente, de modo que pueden dar un toque de color a una zona amplia.

Hay zonas que, para algunas especies, pueden resultar muy luminosas y, para

▲ Hay plantas, como este poto (Scindapsus aureus), que para desarrollarse no necesitan demasiada luz. Con ellas se pueden decorar las estancias y rincones menos iluminados de la casa.

otras, insuficientes y la mejor manera de saber si un lugar es el adecuado para un ejemplar determinado, es probando y viendo cómo reacciona.

En las tiendas especializadas en jardinería o en las floristerías, seguramente podrán

◀ Generalmente, las plantas con flor necesitan la luz y el sol para sobrevivir, aunque sea de forma indirecta.

dar indicaciones acerca de los cuidados que necesite cada planta que se adquiera, pero sólo experimentando se puede crear un ojo clínico que permita comprender qué es lo que cada planta necesita o por qué no crece como debiera.

Las plantas podrían dividirse, según las necesidades lumínicas, en varios grupos:

• PLANTAS QUE NO SOPORTAN LOS RAYOS DIRECTOS DEL SOL. En este grupo se pueden incluir la mayoría de los helechos: helecho temblón (*Pteris multifida*), helecho espada (*Nephrolepis exaltata*), nido de ave (*Asplenium nidus*) y culantrillo (*Adiantum capillus-veneris*). Todos ellos son resistentes y fáciles de mantener en el interior de una casa. Lo único que hay que tener en cuenta es que son plantas de climas muy húmedos por lo cual será conveniente vaporizar sus hojas o crear un microclima adecuado a su alrededor.

• PLANTAS QUE SOPORTAN SOL DIRECTO E ILUMINACIÓN INDIRECTA. Son especies menos exigentes en materia lumínica; se pueden adaptar perfectamente a vivir junto a una ventana en la que den los rayos de sol pero también en una posición en la cual la luz no incida directamente sobre ellas.

En este grupo se pueden incluir el popular y resistente poto (*Scindapsus aureus*), la sanseviera (*Sanseviera trifasciata*) y el roiciso (*Rhoicissus rhomboidea*).

En la sombra se desarrollan perfectamente la araucaria (*Araucaria excelsa*) e incluso algunas palmeras, como por ejemplo la palma del paraíso (*Kentia forsteriana*).

Hay otras plantas que pueden soportar la sombra, aunque, probablemente, tengan un crecimiento algo más lento: la camadorea (*Chamadorea elegans*), la aralia de Japón

(*Fatsia japonica*), la esparraguera (*Asparagus plumosus*), la aspidistra (*Aspidistra elatior*) y las cintas (*Chlorophytum comosum*).

Las enredaderas pueden resultar muy decorativas y también hay especies que se adaptan bien a vivir en lugares sombreados; la hiedra aralia (*Fatshedera lizei*), por ejemplo, o el ficus trepador (*Ficus diversifolia*).

La mayoría de las plantas aptas para estar en la sombra son especies sin flor, pero no por ello menos vistosas. En lugar de jugar con los colores, en todo caso, lo que conviene es aprovechar su diversidad de texturas y tonos de verde.

Se puede dar una nota alegre utilizando maceteros decorados en tonos vivos.

▲ *La seflera (*Schefflera arborícola*) prefiere los lugares iluminados pero tolera bien la sombra.*

ELEMENTOS DE REALCE

A LA HORA DE PLANTEARSE una decoración con plantas de interior, es necesario tener en cuenta que los recipientes que las contienen son casi tan importantes como los ejemplares en sí.

Los pedestales y las cestas para colgar destacan la presencia de muchas plantas que, sobre otras superficies, pasarían totalmente desapercibidas.

Los embellecedores y las macetas decoradas completan el equilibrio estético del conjunto.

Así como cada planta debe tener un lugar que le resulte cómodo y desde el cual armonice con el entorno, también debe estar plantada en un recipiente o colocada en un embellecedor que destaque sus mejores cualidades.

Pedestales

Los pedestales constituyen uno de los mejores recursos para dar a un rincón una identidad propia. Tienen la ventaja de elevar a la altura de la vista las plantas de porte bajo.

Cualquier planta con tendencia rastrera luce mucho más sobre un pedestal, ya que permite la caída de las ramas de forma equilibrada, por todos sus lados.

Los hay de diversos materiales: mármol, loza, madera, metal, escayola, etc. y de diversos estilos: desde los más clásicos, que imitan las columnas griegas, hasta los más modernos, construidos con materiales novedosos como el metacrilato o decorados con las más actuales técnicas de pintura.

Eligiendo adecuadamente el modelo, se podrá crear el ambiente que se desee. Son muchas las plantas que lucirán mucho mejor sobre un pedestal; algunas, modestas como el popular amor de hombre (*Tradescantia sp.*), pueden combinarse con otra de porte medio como la falsa aralia (*Dizygotheca elegantissima*) para crear un conjunto equilibrado.

▶ *El valor estético de una planta se incrementa con los elementos de realce, como esta maceta azul y blanca.*

Otra planta que queda muy bien sobre un pedestal es el cipero (*Cyperus sp.*); en él podrá lucir en todo su esplendor.

Colocando varios pedestales a diferentes alturas junto con algunas plantas a ras de suelo, se puede hacer un hermoso jardín interior; un relajante rincón natural en el que se combinen diferentes formas, texturas y tonos de verde.

Otros lugares especialmente recomendables para el uso de pedestales son los pies y descansillos de las escaleras, los vestíbulos y los lados de una puerta.

tico. Algunas tienen una bandeja incorporada para recoger el agua drenada.

Las plantas más idóneas para poner en estas cestas son las que tienden a colgar: Pendientes de la reina (*Fuchsia hybrida*), columnea (*Columnea microphylla*), peperomia (*Peperomia pereskiifolia*), hiedra (*Hedera helix*), ceropegia (*Ceropegia radicans*), etc.

También, como es natural, se pueden mezclar en estas cestas más de una especie, lo-

Cestas colgantes

Los ventanales y las paredes con mayor amplitud exigen una decoración con volúmenes grandes.

Las cestas colgantes, de las que caen ramas en cascada, pueden ofrecer una excelente solución para este tipo de lugares.

El aspecto más incómodo de las cestas colgantes es el drenaje: a menudo gotean después de haber sido regadas, aunque siempre se pueden bajar y poner sobre una superficie firme hasta que el agua haya sido absorbida.

También habrá que tener en cuenta que el tiesto pesará más después de cada riego, por lo tanto será necesario colgarlo de un gancho bien firme.

Las cestas se fabrican con diversos materiales: las hay de alambre, de forma circular y semicircular, de cristal, cerámica o plás-

CONFECCIÓN DE UNA CESTA MUY PERSONAL

● Hacer con un trozo de alambre, una estructura en forma de cesta. Si va a estar apoyada sobre una pared, deberá tener uno de los lados planos o formar un semicírculo. Recubrirla con un plástico grueso, formando una bolsa.

● Hacer pequeños orificios en el plástico con un cuchillo.

● Introducir esquejes en los agujeros. Es mucho mejor haberlos dejado previamente en agua hasta que hayan desarrollado las raíces. Una vez que se hayan distribuido por toda la superficie del plástico, rellenar la cesta con compost.

● Para que el plástico no se mueva, hay que utilizar un alambre recubierto de esfagno o hacer un borde con escayola o cemento.

Cómo se confecciona una cesta

1

Construcción de la estructura

Construir con alambre su estructura. Si ha de ir contra una pared, conviene que tenga uno de los lados planos, de manera que su boca tenga la forma de una semiesfera. Una vez hecha la estructura, recubrirla con plástico que se tapizará con musgo.

2

Hacer pequeños orificios

Con ayuda de un objeto que tenga punta, por ejemplo una cuchilla, unas tijeras o un punzón, se practicarán en el plástico pequeños orificios. Éstos deberán tener el tamaño suficiente como para insertar en ellos los esquejes del ejemplar que se quiera plantar.

3

Quitar las hojas más próximas

A los esquejes que se han de introducir en los agujeros que se le han hecho al plástico, se le deberán quitar las hojas más próximas a la base. Se los puede tener primero en agua y preparar la maceta una vez que hayan echado raíces. Una vez se hayan colocado todos los esquejes, habrá que rellenar la cesta que se ha realizado con compost.

4

Evitar que el plástico se mueva

Es necesario evitar que el plástico se mueva. Para mantenerlo fijo a la estructura, se puede sujetar con un trozo de alambre previamente recubierto con esfagno. Para evitar que el alambre se vea, se puede rodear toda la boca de la maceta con un borde de escayola; de este modo el plástico tendrá más sujeción.

grando así conjuntos de gran colorido y con una textura especial.

Hay muchos helechos que, en su medio natural, crecen sobre los árboles; éstos pueden hallarse a gusto en una cesta colgante situada en un lugar a la sombra.

Los más utilizados en este sentido son cuerno de alce (*Platycerium bifurcatum*) y helecho canario (*Davallia canariensis*).

Macetas y embellecedores

En las tiendas de jardinería, viveros y floristerías puede encontrarse toda clase de macetas y tiestos, la más amplia variedad.

Los hay de diferentes diámetros y tienen agujeros especiales para el drenaje.

Los bonsáis requieren cuencos pequeños o bandejas rectangulares, con muy poco fondo.

Los embellecedores y cubremacetas son recipientes que no poseen agujeros de drenaje y que se usan poniendo dentro un tiesto con una planta.

Si tienen el tamaño suficiente, se pueden combinar varios ejemplares diferentes.

Lo importante es elegirlos de modo que

▲ *La maceta o el embellecedor que se use en cada ejemplar, deberá armonizar con sus características: con el tono de sus hojas, su tamaño, el color de sus flores, etc. Lo importante es tener en cuenta el efecto de conjunto.*

combinen en forma y color no sólo con la planta que van a albergar sino también con la decoración del lugar.

En realidad, cabe apuntar que cualquier recipiente puede funcionar como tiesto o como embellecedor: antiguas ollas de hierro, jarrones de porcelana, cacerolas de cobre, etc.

Si no se les puede hacer el agujero de drenaje habrá que ponerles en el fondo una capa gruesa de grava y de turba fibrosa para que el compost no se encharque.

O, mejor aún, se puede poner dentro un tiesto con su drenaje, rodeado de turba o musgo húmedo.

▶ *Las columnas ponen al alcance de la vista la belleza de las plantas que se apoyan en ellas.*

MINIJARDINES, TERRARIOS Y URNAS

LOS MINIJARDINES Y TERRARIOS son interesantes soluciones para quienes gustan de las plantas pero no tienen en su casa lugar suficiente como para poner grandes ejemplares.

No son difíciles de armar, pero es necesario planificarlos de antemano y pensar que todas las especies que se incluyan en ellos deben tener las mismas necesidades de luz, temperatura, humedad y nutrientes.

Minijardines

Los minijardines se montan sobre grandes cuencos de cristal, en bandejas de vidrio o en casitas que imitan los invernaderos.

Por lo general se venden estas casitas ya preparadas en los viveros o en las floristerías.

Para el aficionado a la jardinería, le resulta más atractivo comprar el recipiente y poner en él las especies escogidas.

Ejemplos de ello podrían ser el hipoeste (*Hipoestes sanguinolenta*), la fitonia (*Fittonia sp.*) y la pilea (*Pilea spruceana*).

▶ Los recipientes de cristal que cuentan con varias bocas, permiten crear jardines muy hermosos.

Para evitar que la tierra se encharque, es necesario poner mucha atención en la distribución de las diferentes capas de suelo.

Éstas deberán distribuirse, de abajo hacia arriba, de la siguiente manera: capa de grava, capa de turba, compost y capa delgada de grava.

La última capa de grava tiene por objeto evitar, dentro de lo posible, la pérdida de humedad de la tierra. Como la grava puede obtenerse en diferentes tonalidades, se puede aprovechar esta cualidad para crear motivos sobre la superficie del minijardín o para combinarla según el tono de las plantas que se pongan en él.

Estos pequeños jardines pueden montarse sobre ladrillos, rocas porosas, bandejas de barro y recipientes de cristal, pero no todas las especies se adaptan a vivir en sustratos delgados, con poca tierra y sin demasiada luz.

Las más adecuadas son las bulbosas, las bromelias, las cactáceas y las plantas de rocalla ya que necesitan luz pero no demasiado riego. Es necesario conocer a qué tipo de roca están adaptadas las plantas para elegir aquellas que, en su medio natural, tengan un sustrato más o menos común.

Las especies que más se utilizan para armar minijardines son: uñas de gato (*Sedum sp.*), soldanela (*Soldanella sp.*), primavera (*Primula sp.*), pensamiento (*Viola sp.*), saxifraga (*Saxifraga sp.*), siempreviva (*Sempervivum sp.*) y cactus piedra (*Lithops sp.*), entre otras.

Hay muchos elementos que se pueden incluir en la composición del minijardín; la idea es trabajar en un espacio reducido como si se tratase de una gran superficie.

Se pueden poner en el recipiente piedras de diversas tonalidades entre las que se asienten las plantas, crear zonas más elevadas que otras, jugar con los colores de la grava y con la textura de las especies que se incluyan, utilizar variedades de árboles y arbustos de crecimiento lento para crear un efecto más ajardinado.

Si se trabaja sobre un recipiente amplio, se pueden poner en su interior más de una cubeta con diferentes tipos de suelo a fin de crear conjuntos distintos.

Los primeros minijardines conviene que sean sencillos; de esta manera se irá aprendiendo a cuidarlos.

Sin embargo no por ello deben ser menos vistosos. Hay varias especies que se podrían disponer en este escenario, entre otras: mamilaria (*Mammilaria sp.*), chumbera (*Opuntia sp.*), cactus erizo (*Echinocactus sp.*), cactus candelabro (*Cereus sp.*), euforbia (*Euphorbia obesa*), crásula (*Crassula lycopodioides*), aloe (*Aloe vera*) o la echeveria (*Echeveria elegans*).

Las especies que comúnmente se conocen con el nombre de cactus piedra o cactus guijarro (*género Lithops*), se cultivan perfectamente en minijardines; puestos entre piedras, llaman la atención por su increíble parecido con éstas, sobre todo cuando están florecidos.

▲ *Cualquier rincón de la casa cobra vida cuando colocamos una maceta vistosa y colorida.*

Se pueden hacer minijardines ocasionales con las plántulas o esquejes que estén creciendo, hasta el momento de trasplantarlos a su tiesto individual.

Para algunas plantas tropicales, como son las bromelias, el lugar más indicado para desarrollarse podría ser el tronco hueco de un árbol. Consiguiendo éste, se pueden rodear las raíces de las bromelias con musgo húmedo y un poco de compost y colocarlas decorativamente en el tronco.

Terrarios

Los terrarios son recipientes con paredes y techo de cristal.

El agua con el que se riega la tierra es absorbida por las plantas y luego es condensada en las paredes de cristal y precipitada nuevamente

▲ *En los lugares menos cálidos de la casa, o en los más secos, se pueden colocar urnas acristaladas. Éstas crean un microclima en su interior que provee a las plantas la temperatura y la humedad que necesitan.*

hacia la tierra. De modo que en el terrario se cumple un ciclo que se ve en la naturaleza.

Allí el aire y el agua se reciclan y vuelven a utilizarse produciendo un microclima que favorece el crecimiento de las plantas.

Mientras no aparezcan en el terrario plagas o enfermedades, los ejemplares crecerán bien y con muy pocos cuidados. Cada tanto habrá que quitar las hojas viejas y las partes secas de los tallos. Los resultados pueden llegar a ser sorprendentes.

Las plantas que más se adecúan para ser cultivadas en un terrario son las tropicales: aquellas que necesitan una humedad y temperatura constantes.

CONSTRUCCIÓN DE UN JARDÍN EN UNA BOTELLA

- Hay que elegir con cuidado el recipiente que, preferiblemente, será de boca no demasiado estrecha a fin de que permita manipular su interior.

- Ponerle una capa de grava, otra de turba y, finalmente, una de compost. El suelo deberá ocupar una quinta parte del tamaño de la botella exceptuando el cuello.

- Introducir las plantas por el cuello de la botella con ayuda de unas pinzas. Cogerlas por el punto en que se une el tallo y la raíz.

- Enterrarlas en el compost hasta que las raíces queden cubiertas y compactar la tierra a su alrededor con ayuda de un elemento largo y romo (por ejemplo, con la parte de atrás de un lápiz).

- Añadir agua con el pulverizador evitando que la tierra se encharque. Si algunas hojas se secan y se caen, será necesario retirarlas. Para ello lo mejor

es tener preparada una herramienta hecha con una aguja sujeta a un palo largo (podría ser a un pincel viejo, en lugar de las cerdas).

- Pinchar las hojas muertas y sacarlas con cuidado por el cuello de la botella.

- Si el tamaño del ejemplar fuera excesivo, no quedaría otro remedio que trasplantarlo a un tiesto más grande. Por esta razón es importante pensar muy bien qué plantas se van a poner dentro de la botella y tener en cuenta su capacidad de crecimiento o la altura a la que llegan los ejemplares de su especie.

- Las más adecuadas son las plantas de crecimiento lento.

- Para hacer jardines dentro de una botella se recomienda utilizar recipientes de cristal blanco, completamente transparente; los de vidrio coloreado no dejan pasar todos los colores del espectro luminoso.

Los helechos tienen muchas especies que, combinadas con los musgos que también necesitan mucha humedad, pueden formar conjuntos interesantes. Entre ellos se recomiendan los helechos enanos, como la selaginela (*Selaginella martensii*), el asplenio (*Asplenium fontanum*), el culantrillo (*Adiantum capillus-veneris*) y la doradilla (*Cererach officinarum*). Estas plantas pueden estar en lugares luminosos pero prefieren los sitios más umbríos.

Los terrarios son recipientes adecuados para plantar en ellos los esquejes que se saquen de otras plantas hasta que crezcan y tengan un tamaño suficiente como para ponerlos en tiestos individuales.

Jardines en botella

Resultan sorprendentes las plantas que crecen en un recipiente de cristal. Pero para preparar estos minijardines, lo único que se necesita son herramientas de mango largo y paciencia.

Con un embudo, unas pinzas largas, tenedores y cucharas y algunos trozos de caña y cinta adhesiva para alargar los mangos y una botella de forma llamativa, se pueden crear interesantes composiciones. La misma forma del recipiente ayudará a crear un microclima que favorezca el crecimiento de las plantas.

La medida del agua que necesite estará dada por las gotitas que empañen el cristal de la botella: éstas deben ser muy pocas y no obstruir la visión de su interior. Si, por el contrario, en el cristal se condensa tanta agua que no se pueden ver con claridad las plantas, eso significa que el riego ha sido excesivo y que se corre el riesgo de pudrir las raíces.

CÓMO SE PLANTA EN BOTELLA

1 PONER LA GRAVA
Poner en el recipiente elegido las capas de grava, turba y compost.

2 DESNIVELAR
Desnivelar el suelo de modo que parezca un desierto en miniatura.

3 AÑADIR PIEDRAS
Añadir trozos de piedra volcánica y distribuir grava sobre la superficie. Puede ser de tonalidades diferentes, haciendo caminos.

4 POCAS ESPECIES
Colocar pocas especies pero situadas estratégicamente. No se trata de atiborrar el recipiente con plantas sino de crear un jardín, y éste es un concepto que no debe perderse de vista en ningún momento.

▲ *A la hora de obtener semillas, esquejes o acodos, se puede recurrir a las plantas de exterior, tomando antes la precaución de averiguar si la especie que se elija es capaz de sobrevivir sin recibir la radiación solar directa.*

PLANTAS AL ALCANCE DE LA MANO

COMO PRODUCTO de los vegetales que se preparan para comer, habitualmente en toda cocina hay esquejes y semillas que fácilmente podrían convertirse en hermosas plantas de interior, con pocos cuidados pero sumamente importantes.

Las judías, los garbanzos, las lentejas y todo tipo de legumbres pueden germinar en poco tiempo; bastará ponerlas sobre un algodón empapado en agua o sobre tierra húmeda para que en dos o tres días empiecen a asomar las yemas que constituirán la raíz y el tallo.

Una vez que las plántulas alcancen unos diez centímetros, se pueden trasladar a tiestos individuales.

Estas legumbres, a diferencia de los frutales cuyos huesos tardan más en germinar, son los mejores cultivos para enseñar a los niños el funcionamiento de las plantas ya que crecen muy rápidamente y eso les permite asimilar que se trata de seres vivos y que es necesario cuidarlas para que puedan sobrevivir y crecer.

Todos los frutos frescos tienen semillas que, bajo las condiciones adecuadas, pueden germinar. Algunas pueden tardar varios meses en salir o, en el peor de los casos, no llegar a desarrollar jamás; pero si se tiene la suficiente paciencia, se podrá ver crecer un árbol desde sus comienzos.

Las semillas de los frutos enlatados, tostados, salados o preparados de la manera que sea, no germinarán.

Si se corta la parte superior de una zanahoria y se pone en un plato con agua, muy probablemente empezarán a salir tallos nuevos; otro tanto puede hacerse con rodajas de patatas o boniatos. Hay que plantar un ajo o una cebolla, sobre todo cuando ha estado demasiado tiempo y ya han empezado a crecer algunos brotes, es muy fácil y con ello se puede dar una nota de verdor en la cocina.

Pero si se quiere experimentar con diferentes especies, lo primero que hay que saber es a qué tipo de clima pertenecen para poder brindarle los cuidados que necesitan o colocarla en el lugar más adecuado.

Plantas de zonas cálidas

● DÁTIL. Poner a germinar el hueso de un dátil fresco en un recipiente con agua hasta que salgan las primeras raíces, o bien plantar directamente la semilla en una maceta con compost húmedo, a un centímetro de profundidad.

En cualquiera de los casos, mantenerla en un lugar oscuro y cálido, a unos 20 °C de temperatura, manteniendo siempre la humedad del recipiente.

Al cabo de un par de meses aparecerá la primera hoja; entonces será el momento de poner la planta en un tiesto bien abonado y con un buen drenaje. Hay que colocarla en un lugar iluminado.

Pasado el tiempo, si recibe la luz, el calor y la humedad necesaria, se convertirá en una hermosa palmera.

● AGUACATE. Es una de las plantas que más habitualmente se ponen a germinar. La razón es que con ello se consigue una hermosa planta, que no requiere cuidados especiales o difíciles y que suele ser muy agradecida.

▲ *Las semillas de todos los productos frescos pueden germinar con cierta facilidad, como en el caso del tomate.*

Este ciruelo pasó su etapa de desarrollo en el interior; posteriormente fue trasplantado.

Para que germine sin problemas hay que empezar por lavar muy bien la semilla con agua templada.

Una vez limpia, rodearla con un círculo de cartulina y apoyar éste en las paredes del vaso de agua, de manera que sólo la parte inferior de la semilla permanezca en contacto con el líquido.

Otra forma posible es hincar en la semilla cuatro palillos en forma de cruz, pero sólo lo suficiente como para que apoyando los palillos en el borde de un vaso, ésta no se hunda. De esta manera se conseguirá que el agua toque sólo la parte inferior.

Hay que poner el vaso en un lugar cálido y con poca luz. Cada tanto comprobar que el agua no ha bajado demasiado de nivel y que la parte inferior de la semilla está siempre húmeda.

Después de un tiempo comprendido entre tres y ocho semanas, la parte inferior de la semilla se agrietará y de él emergerán la raíz y el tallo. A partir de entonces, deberá ponerse en un lugar más iluminado.

Una vez que la raíz se haya desarrollado bien, pasar la planta, con mucho cuidado, a un tiesto con compost. En el momento de plantar-

lo, deberá dejarse la parte superior de la semilla sin cubrir, al nivel de la superficie.

Si se pone la planta en un lugar soleado, crecerá rápidamente.

Para hacerla más frondosa, cortarle la yema terminar; de este modo desarrollará las laterales.

Conviene suministrarle abono durante el verano.

●PIÑA. Cortar la parte superior del fruto, la que tiene el penacho de hojas verdes, y recortarle la zona externa dejando solamente la parte central, dura y fibrosa.

Hay que dejarla secar durante un par de días para evitar que se pudra y luego plantarla en un tiesto con tierra arenosa y húmeda. Se debe dejar en un sitio bien iluminado y a temperatura más bien alta; no debe ser inferior a los 18 °C.

El penacho echará raíces y se obtendrá una elegante planta que, al crecer, curvará sus hojas carnosas hacia fuera. No debe someterse a la piña a un riego excesivo y se la debe cuidar de las temperaturas extremas, sobre todo del frío. Será necesario evitarle las corrientes de aire.

●JENGIBRE. Los rizomas de jengibre se pueden poner en agua hasta que desarrollen los brotes. Cuando esto sucede, se los trasplanta a un tiesto individual. El resultado es una planta de interior, con hojas largas y estrechas, de un verde brillante y de porte señorial.

Sus flores son amarillas y azules, pero es probable que cultivándola como planta de interior no lleguen a salir.

Plantas de zonas templadas

• ÁRBOLES FRUTALES. Muchos árboles frutales pueden cultivarse como hermosos arbustos de interior que pueden dar flores e, incluso, frutos.

Las semillas pueden germinar más fácilmente si se encuentran al exterior, alternando temperaturas suaves con otras más frías.

Si se rompe la parte más dura del hueso con un cascanueces, se puede acelerar la germinación, pero a la hora de llevar a cabo esta operación, deberá tenerse mucho cuidado pues si se daña el embrión, la semilla nunca germinará.

Los nísperos y las granadas, cuyas semillas no tienen un exterior duro, pueden germinar más rápidamente.

Este último árbol, criado en interior, da un arbusto que tiene unas brillantes hojas verdes y llamativas hojas escarlata.

El aroma de los cítricos

Las naranjas, limones y pomelos son plantas de brillantes hojas verdes que, cuando alcanzan el tamaño de un árbol, dan flores que tienen un aroma particularmente agradable, muy recomendable para el olfato del ser humano.

Las semillas se siembran a un centímetro de profundidad y se dejan en un lugar cálido y oscuro hasta que germinen.

Cuando las plantas tengan unos diez centímetros de altura, deberán ser trasplantadas a tiestos individuales.

▲ El aroma de las flores de los cítricos es sumamente agradable y aporta frescor al lugar en el que se coloque la planta.

No conviene exponer los ejemplares a temperaturas demasiado bajas; en invierno, lo mínimo son entre ocho y diez grados.

Trepadoras

Las patatas y los boniatos son plantas trepadoras que se pueden cultivar fácilmente poniéndolas solamente en agua.

Los mejores ejemplares para hacerlos crecer son los grandes, que presentan ojos; es decir, yemas de crecimiento. A veces, a las patatas les crecen brotes espontáneamente. Así que si se plantan, éstas crecerán más rápido.

Los boniatos prefieren la luz y el calor, de modo que crecerán muy bien si se los pone en un recipiente con agua cerca de una ventana. Las patatas, por el contrario, necesitan frío y sombra, sobre todo hasta el momento en que empiece a brotar.

LOS BONSÁIS

CONTRARIAMENTE A LO que se suele creer, los bonsáis no son plantas difíciles de cuidar. Al igual que el resto de los seres vivos, tienen necesidades precisas que si se cumplen les permitirán crecer y cumplir sus funciones vitales plenamente.

Los bonsáis no son exactamente un invento del hombre sino de la naturaleza.

Cuando la semilla de un árbol grande cae en un espacio reducido o en un terreno que no cumple plenamente con sus necesidades, la falta de espacio hace que disminuya su tamaño y se adapte a las condiciones ambientales.

Los orientales observaron estos ejemplares y desarrollaron una serie de técnicas mediante las cuales conseguían, de forma artificial, estos árboles enanos.

En algunos países orientales, como ocurre por ejemplo en Japón, el cultivo del bonsái está totalmente inmerso en su cultura, pero hasta hace pocos años estas técnicas no se conocían en Occidente aunque han sido muy bien acogidas.

Los bonsáis requieren unos determinados cuidados. A continuación se detallan los más importantes.

Abono

Las raíces de los bonsáis se asientan sobre una pequeña cantidad de tierra. Es necesario añadir con frecuencia abono para reponer los nutrientes que se hayan agotado.

Hay dos tipos de abono: los fertilizantes en polvo de tipo orgánico-mineral, que se mezclan con el compost y tienen larga duración, o los abonos orgánicos líquidos que se deben suministrar con más frecuencia.

Para que la tierra tenga todos los nutrientes necesarios lo mejor es alternar el uso de ambos. Antes de abonar es necesario regar bien el bonsái. Luego se debe echar el fertilizante en pocas cantidades pero con mayor asiduidad.

Está totalmente contraindicado usar abonos en los siguientes casos:

▲ *En el arte del cultivo del bonsái, todos los elementos son muy importantes. Además de la belleza del árbol, cuyas modificaciones siempre tienen que tener un aire de naturalidad, también se valoran los demás elementos del conjunto como puede ser la bandeja o el pedestal.*

- Despúes del trasplante.
- Tras la floración.
- Tras la poda de raíces.
- Durante el reposo invernal.
- Mientras la planta muestre signos de enfermedad.

Riego

La mejor agua para regar un bonsái es, sin duda, el agua de lluvia, la misma que el árbol recibiría en su medio natural.

Como no siempre es posible, deberá recurrirse al agua del grifo. Hay que advertir que conviene llenar la regadera y dejarla reposar 24 horas, sobre todo si se trata de agua dura, para que la cal se asiente. A la hora de regar no se debe apurar hasta la última gota. En verano se regará dos veces al día y en invierno, sólo una.

Debe evitarse en todo momento que la tierra quede totalmente seca; si el tiesto es poco profundo, se deberá regar con más frecuencia.

▲ *El cultivo del bonsái ha trascendido las fronteras y hoy en día, es posible encontrar exóticos ejemplares en Occidente.*

Luz

Los bonsáis deben estar en lugares muy iluminados, pero alejados de las fuentes de calor porque si la temperatura es muy alta, la tierra corre el riesgo de secarse. Si la luz es insuficiente, es probable que el bonsái genere ramas que, en busca de una iluminación mejor, se harán más largas de lo conveniente.

Si la fuente de luz está a uno de los lados del árbol, sus hojas y ramas se orientarán hacia

HERRAMIENTAS NECESARIAS

El cuidado de un bonsái exige el uso de ciertas herramientas:

- Tijeras para podar hojas, ramas y raíces de pequeño tamaño.
- Tenazas de corte cóncavo, para cortes a ras de tronco.
- Sierra para ramas gruesas.
- Pinzas, para brotes nuevos.
- Escobilla y cepillo para limpieza de la tierra.
- Pulverizador y regadera de orificio fino.
- Alambre y malla metálica, para darle la forma deseada.

TRAS LA PODA
Una vez podadas las raíces, será conveniente cubrirlas con arcilla para que puedan mantenerse estables sobre la bandeja.

UTILIZACIÓN DE BOLITAS DE ARCILLA
Para facilitar el crecimiento y emplazamiento de los bonsáis que conforman un bosquecito, se utilizan bolas de arcilla.

USO DEL ALAMBRE
Antes de distribuir la grava sobre el fondo de la bandeja, es necesario pasar un trozo de alambre por los agujeros de la base para sujetar el cepellón.

COLOCACIÓN DE LA TURBA
La turba se coloca sobre la grava porque es un elemento que tiene un alto contenido en nutrientes; de este modo las raíces podrán absorberlos.

ella, de modo que habrá que girarlo para que mantenga la vertical y para que no se deforme desarrollándose en una sola dirección.

Suelo

El recipiente en el que se coloque el bonsái deberá tener agujeros en la parte inferior a fin de que el agua no se encharque pudriendo las raíces.

En el fondo, se colocará una capa de grava para facilitar el drenaje; sobre ésta, se debe poner una capa de turba y en la parte superior, una capa de arcilla; de esta forma se podrán mantener las condiciones ideales para el desarrollo del bonsái.

La superficie de la tierra habitualmente se cubre de musgo. La razón no es solamente estética: el musgo sirve también para que la tierra se arrastre después del regado y conserva mucho mejor la humedad.

No es conveniente utilizar musgo de bosque, ya que crece demasiado rápido y podría pudrir el tronco. Lo mejor es usar el musgo que crece en las piedras que están a la sombra o sobre las tejas.

Trasplante y recorte de raíces

Una parte importante de la técnica y cuidados necesarios para conseguir que un árbol crezca con las dimensiones de un bonsái, es el trasplante y recorte de las raíces. En la naturaleza, son las mismas condiciones ambientales las que imponen las restricciones al crecimiento del árbol pero en los bonsáis artificiales, es necesario ejercer esas restricciones para que el árbol no crezca más allá de lo aconsejable.

Mientras el árbol es joven y crece rápidamente, será necesario cambiarle de tiesto una vez al año. En el momento en que su crecimiento se haga más lento, será suficiente con cambiarlo cada dos o tres años. Siempre deberá escoger un tiesto que tenga uno o dos centímetros más que el anterior.

La principal razón del trasplante es el agotamiento de la tierra; como es tan poca la que se pone en el recipiente, sus nutrientes se acaban rápidamente y es necesario reponerlos. Por ello es conveniente quitar gran parte de la tierra vieja y poner otra nueva.

A veces las raíces crecen más de lo conveniente y necesitan ser podadas. En este caso no será imprescindible cambiar también la tierra, aunque puede ser conveniente. La mejor época para la poda de raíces es a finales del invierno, justo antes del comienzo de la primavera.

Antes de proceder a sacar el árbol de la planta, es recomendable tener preparado el compost y todos los elementos que se van a utilizar.

Una tierra adecuada es la mezcla para plantas de interior, pero si se quie-re hacer una mezcla de arcilla, turba y arena, habrá que tener en cuenta las proporciones recomendables para cada tipo de árbol:

● CONÍFERAS. Arcilla y arena al 50 por ciento.

● PLANIFOLIOS. 60 por ciento de arcilla, 30 por ciento de arena y 10 por ciento de turba.

● ÁRBOLES FRUTALES O CON FLORES. 50 por ciento de arcilla, 30 por ciento de arena y 20 por ciento de turba.

El trasplante requiere cierto cuidado y es mejor hacerlo sin prisas, con tranquilidad. Los pasos a seguir son:

● Extraer la planta con cuidado y desprender la tierra que recubre las raíces hasta llegar al tronco central.

▲ Los bonsáis caducifolios tienen mejor aspecto en primavera y verano, cuando han brotado las nuevas hojas.

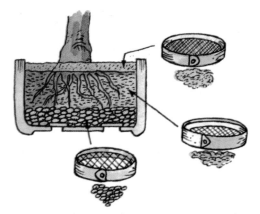

CÓMO MANTENER SANO EL BONSÁI
Para mantener en buenas condiciones el bonsái, se deberá colocar en la parte inferior de la bandeja una capa de grava. Sobre ésta, hay que poner una capa de turba y, encima de ambas, una capa superior de arcilla.

• Recortar las raíces dejándolas a 2/3 de la longitud inicial.

• Colocar en el recipiente una capa gruesa de grava a la que se habrán añadido fragmentos de teja o barro cocido.

• Añadir compost seco hasta llegar a una altura no superior a los dos centímetros.

• Poner encima el bonsái, distribuyendo las raíces por todo el cuenco.

• Sujetar éstas con alambre a través de los orificios de desagüe.

• Cubrir con más tierra, dejándola a medio centímetro del borde del cuenco.

Se debe compactar la planta un poco con la mano, sobre todo en los extremos más alejados del centro.

• Poner por encima una capa de arcilla cribada para evitar que el riego arrastre la tierra y para favorecer, además, el crecimiento de musgo.

Se puede poner también una delgada capa de musgo, de la forma en la que se ha indicado anteriormente.

• Tras la poda de raíces, mantener el bonsái en un lugar poco iluminado y protegido del viento durante unas dos semanas; luego ponerlo en su sitio habitual.

• La frecuencia de cambio de tiesto, como se ha dicho, dependerá de la especie: en los árboles frondosos habrá que hacerlo cada dos años, en las coníferas este tiempo es mayor: de dos a cinco años.

Poda

Es otro de los cuidados esenciales de un bonsái ya que de ésta depende, en gran medida, el tamaño que adquiera el ejemplar.

• PODA DE RAMAS. Se hace entre otoño e invierno y sirve para mantenerlo en su tamaño y para conformar su aspecto.

• RAMAS QUE DEBEN CORTARSE. Estos son algunos ejemplos:

• Entre dos ramas opuestas, eliminar una de ellas.

• Quitar las ramas que se insertan en el tercio inferior de la parte frontal del bonsái (entendiéndose como tal la que queda frente a la vista del observador).

• Eliminar una de las ramas que formen horquilla.

• Cortar las ramas que atraviesan el tronco de forma oblicua.

• Eliminar las ramas que crecen hacia abajo.

• PODA DE HOJAS. Durante todo el año, recortar las hojas grandes y aisladas. El resto deberán ser cortadas entre la primavera y el verano y el criterio empleado para hacerlo es permitir que la luz y el aire penetren en el interior de la copa del bonsái. En las especies de caducifolias la poda de hojas deberá hacerse a principios del verano, siempre después de la floración.

●PODA DE BROTES. Según la forma que se le quiera dar al bonsái, deberán suprimirse aquellos brotes que pudieran dar lugar a ramas no deseadas.

Enfermedades y parásitos

La mayoría de las enfermedades que atacan a los bonsáis las producen los hongos: mildiu, falso mildiu, roya del arce y el hongo de los pinos. La clorosis o amarillamiento de las hojas se produce por falta de hierro. Si se añade un fertilizante con este elemento el problema se subsana.

El exceso de riego, el abono exagerado o una mezcla de tierra incorrecta para el suelo pueden ser factores que provoquen la pudrición de las raíces. Si tuviera síntomas de que ocurre, será cuestión de cambiar el compost, regar menos y quitar los trozos de raíz que se hayan roto.

Las plagas que afectan a los bonsáis suelen ser las mismas que atacan a las plantas de jardín y a las de interior y los métodos para combatirlas, también son los mismos. Entre las plagas más comunes pueden citarse pulgones, araña roja, orugas, hormigas y cochinillas.

Una constante inspección del bonsái permitirá detectar los ataques de estos organismos al iniciarse y antes de que estén demasiado extendidos.

Moldeado con alambres

Una de las peculiaridades de los bonsáis se asienta en las diversas formas que adoptan sus troncos y ramas. Mediante el moldeado con alambres, los cultivadores transforman estos árboles en auténticas esculturas vivientes.

Durante la fase de crecimiento, se altera con el alambre la dirección natural de las ramas con el objeto de conseguir una forma determinada.

La técnica de modelado es delicada ya que el alambre no debe dañar la corteza ni ejercer una presión excesiva sobre el tronco.

Por lo general, los árboles que más frecuentemente se alambran son las coníferas porque a los frondosos se les puede dar la forma que se desee por medio de podas de hojas, yemas y ramas.

El alambrado no debe estar en el bonsái por un período mayor a los 12-18 meses. El

▲ Hay especies de zonas templadas que por su lento crecimiento pueden ser aptas para convertirse en bonsáis.

CÓMO MOLDEAR CON ALAMBRES ①

GROSOR DEL ALAMBRE
El grosor del alambre, que siempre será de cobre o de aluminio, deberá escogerse según el grosor de la rama o tronco que se quiera modelar.

ABRIR EL ÁNGULO ②
Uno de los métodos más prácticos para abrir el ángulo de una rama primaria con el tronco principal consiste en colgar de la misma un peso que las separe.

FORMAS DE ALAMBRADO ③
En esta imagen se muestran tres formas de alambrado: el primero ejerce demasiada presión; el segundo no surtirá ningún efecto y el tercero es el correcto.

CÓMO CAMBIAR LA DIRECCIÓN DEL CRECMIENTO ④
Para cambiar la dirección de crecimiento de una rama, se la debe alambrar junto con el tronco o, como se muestra en el gráfico, con la rama opuesta. Una vez hecho, se forzará con las manos la posición deseada.

hilo hay que enrollarlo en espiral, de abajo hacia arriba, siguiendo la dirección del crecimiento.

La punta del alambre se introduce en la tierra y se fija en los agujeros del drenaje. A continuación se enrolla en la base del tronco y de ahí se sube por las ramas principales hasta llegar a las más pequeñas, manteniendo siempre un ángulo de 45° con la trayectoria de la rama.

El grosor del alambre debe ser el mínimo indispensable para que se pueda modificar la posición de la rama y sostenerla en la posición deseada.

Si se quiere modelar una conífera, habrá que alambrarla en invierno y dejar el alambre durante un período que no exceda el año y medio.

El alambrado de los árboles caducifolios deberá hacerse a principio del verano y ser retirado en otoño.

Bonsáis sobre rocas

Para poder cultivar un bonsái sobre una piedra, lo ideal sería que éste tuviera las raíces muy largas. Si no fuera posible, lo que deberá hacerse es cambiar cada dos meses la profundidad del suelo y achicar el recipiente desechando la tierra sobrante.

Si se utiliza como macetero una bolsa de plástico, se puede quitar, mes a mes, la tierra escalonadamente, de arriba a abajo.

Cuando la mayor parte de las raíces hayan quedado expuestas, entonces será el momento de hacer el trasplante colocando el árbol sobre la roca. El tronco deberá ser sujeto con alambre y los extremos de las raíces enterradas en la tierra.

TAMAÑO DEL BONSÁI
Para que un árbol de pequeño tamaño sea considerado un bonsái, es necesario que imite el efecto que la naturaleza produce en algunos ejemplares. Éste imita a los árboles que crecen en alta montaña.

La creación de un ambiente adecuado

Los bonsáis pueden estar tanto al aire libre como en el interior. La mayoría de los árboles necesitan sol directo, pero hay unas pocas especies que pueden sobrevivir en la sombra y éstos son los más adecuados para transformarlos en bonsáis de interior.

Si se hace evidente que al bonsái le falta luz, siempre se puede subsanar con luz artificial, poniendo el ejemplar cerca de la fuente luminosa.

El lugar ideal para emplazar estas esculturas vegetales son los lugares con elementos decorativos de inspiración oriental: porcelanas, mesas lacadas, grabados, papiros, biombos, etc. Es allí donde lucirán más.

Tipos de bonsáis

Los bonsáis se clasifican de acuerdo al ángulo que forma el tronco con la maceta.

•CHIKKAN: VERTICAL FORMAL. Es un tronco robusto y recto, ramas con crecimiento regular y piramidal.

• MOYOGI: VERTICAL INFORMAL. Tronco robusto, de forma irregular, con ramas convencionales.

•BUJINGI: FORMA DE LOS LITERATOS. Es un tronco recto y largo, acabado en una copa semiesférica.

• SOKAN: TRONCO GEMELO. Crecen dos troncos juntos pero de diferente grosor.

• YOSE-VE: BOSQUECILLO. Varios árboles crecen juntos, con diferentes tamaños.

•SHAKAN: TRONCO INCLINADO. Es un tronco inclinado con ramas que crecen en todas las direcciones.

•FUKINAGASHI: AZOTADO POR EL VIENTO. Tronco inclinado, ramas que crecen hacia una sola dirección.

•HAN-KENGAI: SEMICASCADA. Es un tronco horizontal, ramas verticales.

•KENGAI: CASCADA. Es un tronco colgante, ramas colgantes u horizontales.

•ISHITSUKI: ENRAIZADO EN LA PIEDRA. Es un tronco sobre piedra. El crecimiento de las ramas varía según el tipo. Raíces que abrazan la roca hasta llegar al suelo.

ELEGANTES ESTANQUES DE INTERIOR

▶ *La planta acuática más popular, y también una de las más hermosas, es el nenúfar (Nymphaea sp.); con sus grandes hojas redondeadas, puede tapizar de verde todo un estanque.*

LA PRESENCIA DE un estanque ofrece a cualquier jardín un atractivo especial pues evoca a la naturaleza. Aunque no sean tan comunes, es posible tener un estanque en una habitación interior. Sólo hay que saber qué plantas son las más adecuadas para este fin.

Plantas acuáticas

Un rincón donde escuche el murmullo del agua, donde se contemplen los claros verdes propios de las plantas acuáticas es un lugar especial para hallar serenidad y bienestar.

▲ *Es imprescindible averiguar las necesidades lumínicas y la temperatura del agua específicas de la especie que se quiera cultivar.*

▲ *Cuando llega la época de su florecimiento en primavera y verano, la delicadeza en color y forma de sus flores embellecen aún más el entorno o lo perfuman con su aroma.*

Los estanques interiores se cuidan de la misma forma que los exteriores y los recipientes que se usan para crearlo pueden estar fabricados con diversos materiales: plástico, madera, cristal, etc.

El mejor momento para instalar un estanque es la primavera o principios de verano.

Antes de poner la tierra y las plantas, lo primero que hay que hacer es comprobar que el recipiente no tiene fisuras que den lugar a que el agua se pierda.

En el interior del estanque es necesario poner un sustrato sobre el cual se fijen las raíces de las plantas.

Para un estanque de un metro de diámetro y cincuenta centímetros de altura, se necesitará cubrirlo con veinte centímetros de arcilla. Ésta no deberá llevar ningún abono ni materia orgánica para no favorecer el crecimiento de algas en su interior.

Sobre esta capa de arcilla, hay que poner una fina capa de arena, de unos dos centíme-

tros de grosor y algunas piedras de tamaño mediano.

De esta manera, el agua se mantendrá limpia y, a la vez, se facilitará el agarre de las raíces. Se llenará el recipiente de agua y poner las plantas.

Si las plantas dieran muestras de no crecer, se podrá añadir un poco más de abono en pastillas, de polvo de cuerno y huesos o de guano en pequeñas proporciones.

Para que las raíces no floten sino que se agarren al fondo, por lo general se suele utilizar pequeños cestos, mallas de hilo que envuelvan las raíces con trozos de musgo para fijarlas al fondo o piedras para mantenerlas hundidas hasta que echen raíces.

Entre las plantas que se pueden cultivar en el agua, hay algunas cuyos rizomas o tubérculos se entierran en el suelo; otras, pueden tener las raíces libres, flotando en la superficie, y son más fáciles de cultivar.

▲ *Un estanque es un microcosmos que recrea la naturaleza.*

◀ A la hora de cultivar plantas con ayuda de luz artificial, lo más conveniente es elegir tubos fluorescentes ya que generan menos calor que las bombillas.

Para mantener las condiciones del estanque equilibradas, sobre todo si en él se ponen pequeños peces, es conveniente poner plantas oxigenadoras: ranúnculo de agua (*Ranunculus aquaticus*), hotonia (*Hottonia palustris*), elodea (*Elodea canadensis*) utilizada también en los acuarios, potamogeton (*Potamogeton natans*), miriofilo o cola de yegua (*Myriophyllum verticilatum*) o calitriche (*Callitriche palustris*).

Es conveniente que el estanque esté situado en un lugar bien iluminado pero si no hubiere la suficiente luz natural, habrá que recurrir a la luz artificial para mantener las plantas con vida.

Se pueden poner pequeños peces de colores para que naden entre las plantas pero habrá que tener cuidado a la hora de echar abonos o pesticidas.

El uso de la luz artificial

Aunque la mejor manera de cultivar plantas es hacerlo con la ayuda de la luz natural, si ésta no fuera suficiente siempre es posible utilizar luz artificial, ya sea de bombillas o de tubo fluorescente.

Como la luz artificial no tiene las mismas cualidades que la natural, su longitud de onda, entre otras cosas, es más corta de ahí que el crecimiento de la planta bajo esta iluminación sea más lento.

Los lugares de la casa más aptos para poner un estanque son el recibidor y el salón. Conviene impermeabilizar el suelo para evitar filtraciones y se puede construir con diferentes materiales.

Las plantas más aptas para estos estanques interiores son los nenúfares enanos; entre otras especies pueden citarse: nenúfar amarillo (*Nymphaea lutea*), nenúfar cuyas flores abren de noche (*Nymphaea lotus*) y el nenúfar estrellado (*Nymphaea stellata*).

El alisma acuático (*Alisma plantago-aquatica*) tiene las hojas sumergidas. En verano, sus numerosas flores sobresalen fuera del agua.

Un toque especial para los estanques lo da el helecho acuático (*Azolla caroliana*): al crecer forma un denso césped que cubre la superficie del agua adquiriendo el aspecto de un hermoso manto verde manzana en verano y rojizo en invierno, cuando cambia de color a causa del frío.

Se reproduce con facilidad, por lo que habrá que eliminar algunos ejemplares en caso de que prolifere en exceso.

Las bombillas incandescentes despiden mucho calor, de modo que cuando se apunta a conseguir una iluminación intensa se está corriendo el riesgo de quemar el follaje. Para evitarlo hay que conseguir una adecuada ventilación y no acercar demasiado la planta a la bombilla.

Con los tubos fluorescentes no hay peligro ya que no irradian tanto calor. El tipo más conocido es el Gro-Lux, de venta en tiendas especializadas, son los mejores para darle luz a las plantas.

Debe recordarse que las plantas con flores necesitan una mayor luminosidad. Este dato deberá ser tomado en cuenta a la hora de buscar ejemplares para las zonas más oscuras de la casa.

Necesidades lumínicas de las plantas con flor

Las flores de invierno necesitan menos horas de luz diurna que las de verano.

▲ Algunos ejemplares, como la violeta africana (Saintpaulia ionantha), pueden cultivarse sin problemas en ambientes con poca luz diurna siempre y cuando tengan cerca una fuente de luz artificial.

Es preciso que todas las flores situadas bajo una misma lámpara tengan las mismas necesidades lumínicas.

La siguiente tabla debe ser utilizada para agregar horas de luz artificial a los ejemplares que las necesiten.

●PLANTAS DE DÍA LARGO. *Necesidad:* de 12 a 16 horas de luz. *Especies:* begonia de flor (*Begonia sp.*), margaritas (*Aster sp.*) y calceolaria (*Calceolaria sp.*).

● PLANTAS DE DÍA CORTO. *Necesidad:* 12 horas o menos de luz. *Especies:* crisantemo (*Chrysantemum sp.*), calancoe (*Kalanchoe sp.*) y flor de Pascua (*Euphorbia pulcherrima*).

● PLANTAS A LAS QUE NO AFECTA LA DURACIÓN DEL DÍA. *Especies:* violeta africana (*Saintpaulia ionantha*) y rosa (*Rosa sp.*), entre otras.

▲ Las flores para desarrollarse necesitan luz natural.

INVERNADEROS Y TERRAZAS ACRISTALADAS

▶ *Los invernaderos son lugares acristalados, que reciben mucha luz natural y que en su interior guardan una temperatura y un calor adecuados. Por ello resultan adecuados para el cultivo de una amplia variedad de especies.*

134

LOS INVERNADEROS SIRVEN para cultivar aquellas especies que necesitan condiciones especiales de temperatura y humedad.

Son el lugar idóneo para poner aquellas plantas que necesiten recuperarse, que por alguna razón no crecen lo suficiente o se encuentran débiles.

También los invernaderos se usan para poner las plántulas que se han sembrado o los esquejes plantados hasta que adquieran la fuerza suficiente para destinarles su lugar definitivo en la casa.

En aquellos lugares en los cuales los inviernos son muy crudos, en el invernadero se pueden mantener, durante los meses más fríos, las plantas de exterior que no soporten las heladas: hortensia (*Hydrangea sp.*), fucsia (*Fuchsia sp.*), geranio (*Pelargonium sp.*), lirios (*Iris sp.*), dalia (*Dahlia sp.*), narciso (*Narcissus sp.*), gladiolo (*Gladiolus sp.*), etc.

Estas construcciones no buscan ser decorativas sino prácticas, pero se pueden transformar en un lugar muy acogedor, lleno de vida y color.

Los invernaderos de madera y cristal, por lo general, no están al alcance de los particulares; se los puede ver en los jardines botánicos o en empresas.

Requieren un buen control de la temperatura y de la humedad, así como una ventilación adecuada para que las especies puedan desarrollarse adecuadamente. Se puede utilizar a modo de modesto vivero una terraza acristalada. Lo mejor es poner bancos plastificados rellenos de arcilla expandida, o de una mezcla de grava y arcilla convencional, que se empapará diariamente. Si se pone sobre este sustrato las macetas podrán tener la humedad y riego que necesiten.

La presencia constante de agua en la terraza, sobre todo si en ella da el sol en algún momento del día, producirá la suficiente humedad en el ambiente como para crear un microclima propicio para todo tipo de plantas tropicales.

Con sólo controlar que la temperatura no baje demasiado, será suficiente para que en ella crezcan las más hermosas y variadas especies. Conviene colocar algún sistema de aireación, que podrían ser ventanas, respiraderos en el techo o rejillas en la parte más cercana al suelo.

Las persianas o la presencia de un toldo pueden ayudar a controlar la cantidad de luz, sobre todo en los días más calurosos.

▲ Es fundamental que el invernadero tenga una toma de agua para facilitar las funciones de riego.

Es necesario recordar que en un invernadero o terraza acristalada es necesario que haya una toma de agua como poco.

Si se quiere también puede instalarse algún tipo de riego automático.

▶ El invernadero interior debe tener un sistema que regule la entrada de luz y de aire.

CULTIVOS HIDROPÓNICOS

EL HIDROCULTIVO o cultivo hidropónico es un método de cultivo directo en agua, sin el uso de tierra, que resulta muy fácil de llevar a cabo y que es recomendable para quienes no tienen demasiada habilidad para mantener las plantas con vida según los métodos tradicionales.

Aunque ha tenido una divulgación enorme a partir de 1930, momento en el cual este método se ha «reinventado» en la Universidad de Berkeley, California, el hidrocultivo se conoce desde la más remota antigüedad. Ejemplo de ello son los jardines colgantes de Babilonia, los huertos de paja que se hacen sobre la superficie del lago Titicaca o las colonias de jacintos de agua. Es una técnica muy utilizada por pueblos que han vivido junto a lagos de montaña.

◄ ▶ *Habitualmente las plantas se cultivan en macetas, enterradas en un sustrato que contiene nutrientes. Pero también es posible cultivarlas en agua, si a ésta se le incorpora una solución nutritiva.*

Para que las plantas crezcan adecuadamente, deben absorber las sustancias nutritivas disueltas en el agua; pero la tierra en sí, no la necesitan más que como medio que pro-

CÓMO PREPARAR UNA MACETA HIDROPÓNICA

Los recipientes para estos cultivos se venden en el mercado. Estos recipientes son un poco más caros que los tiestos de barro común, pero tienen la ventaja de que los riegos, abundantes o escasos, no constituyen un peligro para la planta en caso de olvidos o excesos.

- LIMPIAR BIEN LA PLANTA. Se quita la tierra que tenga pegada en las raíces. Se introduce en un cestillo que estará hecho con una malla fina de alambre.

- RELLENO. Rellenar el recipiente con arcilla expandida, sin apretarla.

- COLOCACIÓN. Colocar el cestillo con la planta dentro de la maceta hidropónica.

- INTRODUCCIÓN DEL INDICADOR. Si la maceta no tiene indicador de nivel de agua incorporado, se introduce el indicador en el interior del tiesto. Se termina de rellenar el espacio que quede entre los dos recipientes.

- AÑADIR LA SOLUCIÓN NUTRITIVA. Hay que poner, el agua hasta alcanzar el nivel óptimo.

- REGAR. Se regará la planta a través del depósito que tienen a tal efecto.

vee de sales minerales y elementos orgánicos nutritivos.

En el cultivo hidropónico no se utiliza compost; se usa arcilla expandida y soluciones nutritivas preparadas.

Como la arcilla es porosa, retiene el agua que, si hace falta, el vegetal puede absorber por capilaridad.

El agotamiento del agua se marca en un indicador de nivel que tiene en el fondo la cubeta, con un mínimo y un máximo que no deben ser superados.

Lo importante es que en los cultivos hidropónicos los cuidados son más fáciles de seguir: el exceso de riego no constituye un peligro ya que los tiestos están diseñados para que la planta utilice el agua según sus necesidades.

Los nutrientes se consiguen en los negocios de jardinería o en lugares especializados en este tipo de cultivos.

Debido a que los tiestos tienen un reservorio de agua, este tipo de cultivos está especialmente indicado para las personas que se tienen que ausentar cada cierto tiempo de su casa.

DEPÓSITO PARA HIDROCULTIVOS
Hay tiestos para hidrocultivos, con un depósito especial en el que se almacena el agua sin necesidad de riego directo.

PASOS PARA PREPARAR UNA PLANTA HIDROPÓNICA

1

LIMPIAR LAS RAÍCES
Una vez que las raíces de la planta estén limpias de tierra, se la deberá introducir en una malla que permita el paso del agua.

2

RELLENAR CON ARCILLA
Una vez colocada la planta en el recipiente, se llenará el espacio libre con arcilla. No se la deberá apretar para que el agua llegue hasta las raíces.

3

COLOCAR LA MALLA DENTRO
Una vez que se haya plantado el ejemplar, colocar la malla dentro de una maceta hidropónica cuya forma y color armonicen con ella.

4

INTRODUCIR EL MEDIDOR
Introducir dentro de la maceta el medidor de nivel de agua y luego rellenar el espacio que queda libre entre los dos recipientes.

5

DISTRIBUIR ARCILLA
Distribuir sobre la superficie de arcilla expandida la solución nutritiva. Finalmente, poner agua hasta que el recipiente se llene hasta alcanzar el nivel adecuado.

Decoración de interiores

◀ La disposición de las plantas de interior con propósito ornamental, es todo un arte. Toma en cuenta las necesidades de la especie y el efecto estético que producen en su emplazamiento.

NOCIONES BÁSICAS

LA DISPOSICIÓN DE PLANTAS de interior en una casa es una tarea que no puede hacerse al azar, sin planificación y, sobre todo, sin tomar en cuenta las necesidades de cada ejemplar.

Un geranio (*Pelargonium sp.*), por ejemplo, puede alegrar un rincón sombrío con sus flores, pero no será por mucho tiempo ya que sin la suficiente luz, no volverá a florecer.

La mayoría de las plantas de interior se desarrollan muy bien en temperaturas comprendidas entre los 15 ºC y 25 ºC y a excepción de aquellas que prefieren los lugares claramente umbríos, se sentirán muy cómodas cerca de grandes ventanales, en sitios donde reciban una buena ración de luz diurna.

Las plantas, y nunca será excesivo repetirlo, son seres vivos y, como tales, perciben las corrientes emocionales del entorno, tal y como se ha demostrado mediante numerosos experimentos.

Puntos a tener en cuenta

• Antes de adquirir las plantas, hay que analizar qué cuidados habrán de necesitar. Se debe calcular si en el lugar que se piensa destinarles tendrán la luz necesaria, si no será incómodo para regarlas, si podrán ser podadas e higienizadas sin dificultad. Se comprobará que no hay corrientes de aire.

• Es necesario tomar conciencia de que las plantas crecen e imaginar el tamaño que pueden llegar a tener así como cuánto tiem-

po necesitarán para alcanzar el estado adulto.

• Hay que procurar que el espacio que se les designe no interfiera con otras actividades de la casa y sea de fácil acceso.

• Se valorará adecuadamente las condiciones de luz, humedad y temperatura de cada lugar que se quiera decorar con plantas y buscar especies que puedan estar cómodas en ellos.

• En el interior de las casas, sobre todo durante el período invernal, habrá muy poca humedad en el ambiente debido a que los aparatos de calefacción resecarán el aire mucho más que en verano o en primavera.

Mantener la humedad

Hay varios métodos para mantener una humedad ambiente que las plantas necesitan:

• Hay que rociarlas regularmente con un pulverizador.

• Se pondrá sobre un plato unas cuantas piedras y agua; sobre éstas se colocará el tiesto.

La evaporación del agua creará alrededor de la planta una atmósfera más húmeda.

• Se utilizarán humidificadores eléctricos.

• Hay que poner recipientes con agua sobre los radiadores. En el comercio se venden unos de loza, especialmente diseñados para ser llenados con agua y colgados de los radiadores.

• Se agruparán varias plantas para formar entre ellas un microclima.

• Habrá que distanciar las plantas de los focos de calor (electrodomésticos, radiadores, calefactores, etc.).

▲ En ocasiones, las semillas prenden por azar en lugares poco comunes y pueden llegar a desarrollarse como si de una planta de interior se tratase.

LUGARES DE PASO

LAS ESTANCIAS DE PASO por lo general presentan un aspectos desnudos, no albergan muebles y eso hace que, a menudo, parezcan desangelados. La decoración con plantas es una excelente solución para darles vida y personalidad.

▼ *El espacio que queda al pie de la escalera es uno de los lugares que se pueden aprovechar para poner una planta cuyo crecimiento tienda a adoptar una forma vertical. Allí, la copa puede visualizarse desde los diferentes tramos y la línea vertical del tronco armoniza con el comienzo de la escalera.*

Vestíbulo

El vestíbulo es una de las estancias más importantes de la casa, puesto que es el lugar donde se inicia nuestra intimidad una vez que recibimos a las visitas. También se puede afirmar, que generalmente este espacio funciona como un distribuidor de las otras estancias; por ello suele es bastante frecuente que tenga varias puertas, lo que complica su decoración y la dificultad de aislar las corrientes que en un momento dado tanto puede perjudicar a nuestras plantas.

Los pedestales situados en los rincones o junto al marco de una puerta realzarán la belleza y la singularidad de las plantas que se pongan sobre ellos. Los más adecuados son aquellos ejemplares de hojas especialmente lustrosas como la valatea (*Calathea insignis*) o el filodendro (*Philodendron callinofolium*); plantas de hojas palmeadas, como la aralia (*Aralia elegantissima*); de vivos colores como el caladio (*Caladium bicolor*) o el crotón (*Codiaeum variegatum*) o, durante el invierno, la flor de Pascua (*Euphorbia pulcherrima*).

La presencia de un espejo no sólo incrementa la percepción del

espacio, sino que puede llegar a duplicar el volumen de cualquiera de estas plantas que colocamos para crear un ambiente fresco y agradable.

Si en el vestíbulo hay un mueble sólido, como un taquillón o un buró, se puede colocar en él alguna especies como la bromelia, el coleo (*Coleus blumei*) o la begonia (*Begonia rex*).

Entre los grandes ejemplares, que se pueden situar a ras del suelo, dentro de un embellecedor de mimbre, cerámica o madera, los más apropiados son : la costilla de Adán (*Monstera deliciosa*), el filodentro (*Philodendron bipinnatifidum*) o una hermosa palmera, además de otras especies como el palmito (*Chamaerops humilis*) o la camadorea (*Chamadorea elegans*).

Pasillos

La característica de todo pasillo es ser un espacio largo y estrecho, y eso redundará en el tipo de planta que se elija.

Los mejores ejemplares son los de porte grande y hoja pequeña o los de porte pequeño y hoja grande: ficus (*Ficus sp.*), drácena (*Dracena sp.*) y ciso (*Cissus antarctica*) por un lado. Por otro, aspidistra (*Aspidistra sp.*), helecho nido de ave (*Asplenium nidum*) y sanseviera (*Sanseviera sp.*).

La desventaja que puede presentar un pasillo son las

▲ *Las plantas de tallos colgantes conviene aprovecharlas para situarlas en lugares más bien altos. También pueden servir para cubrir y adornar una superficie lisa o demasiado sobria sobre la cual caigan.*

corrientes de aire, de modo que es mejor poner en ellos las plantas más resistentes.

Escaleras

La posición de las plantas en una escalera debe ser pensada cuidadosamente; por un lado, no deben entorpecer el paso y, por otra, no conviene que sus hojas lleguen hacia el centro de los peldaños porque el rozamiento las ajaría inmediatamente.

Es preferible poner una planta muy alta al pie de la escalera que otras más pequeñas en los peldaños.

Entre las plantas de gran porte que pueden ir al inicio y al final de la escalera se pueden citar: árbol lira (*Ficus lirata*), ficus (*F. Benghalensis*), ficus trepador (*F. Benjamina*), drácena (*Dracena sp.*) y falsa aralia (*Dizygotheca elegantissima*).

Por el hueco se pueden descolgar enredaderas: hiedra (*Hedera helix*) (*Hedera*), poto (*Scindapsus aureus*), ciso (*Cissus antarctica*), ginura (*Gynura sarmentosa*), filodendro (*Phylodendron scandens*) y senecio (*Senecio macroglossus*).

Si se combina adecuadamente los ejemplares de gran porte con las trepadoras se puede obtener un conjunto frondoso y muy elegante.

Descansillos

Son lugares ideales para ser decorados con plantas. Si forman un balcón hacia alguna de las habitaciones, se pueden

▲ *Las tonalidades crema y verde oscuro de este hermoso ejemplar de diefembaquia (Dieffembachia amoena), aportan un toque de alegría en el descansillo de una escalera.*

poner en ellos plantas trepadoras que caigan hacia abajo. En el rincón, puede ir muy bien una maceta con espatifilo (*Spathiphyllum wallisii*), drácena (*Dracaena fragans*) o sanseviera (*Sansevieria trifasciata*).

Si en el descansillo hay maderas oscuras, las especies más adecuadas son el coleo (*Coleus blumei*), de tonos encarnados y la flor del anturio (*Anturium scherzerianum*), presentarán un magnífico y elegante contraste.

Para los mármoles claros van bien plantas como el ave del paraíso (*Strelitzia reginae*), te-

▲ *Las plantas que se coloquen sobre fondos estampados es conveniente que tengan las hojas de un tono parejo, verde brillante, para que se exhiban en todo su esplendor.*

nantre (*Ctenanthe oppenheimiana*) o nidulario (*Neoregelia carolinae*).

Otro procedimiento para alegrar la escalera es utilizando soportes de pared con plantas colgantes como ceropegia (*Ceropegia woodii*), ficus rastrero (*Ficus pumila*), peperomia (*Peperomia sp.*), amor de hombre (*Tradescantia sp.*) o poto (*Scindapsus aureus*).

Todas estas plantas se pueden combinar entre sí con lo que se consiguen sorprendentes efectos. De cualquier manera, tener en casa un pequeño jardín siempre será una fuente de salud y de armonía.

◄ *Las plantas con flor dan un toque de color en los lugares de paso, pero han de estar protegidas de las corrientes.*

SALONES

▶ *Durante el día, las plantas contribuyen enormemente a crear un ambiente más fresco y oxigenado, lo que nos proporciona un lugar al alcance de la mano donde nos podemos reconciliar con la naturaleza.*

EL SALÓN ES UNA DE LAS ESTANCIAS más destacadas de la casa, ya que es un lugar de encuentro, destinado al uso común para toda la familia.

La presencia de plantas, sin duda alguna, contribuye a crear un clima sosegado y armonioso a la vez que estético.

Las macetas que se pongan en el salón, han de ser elegidas cuidadosamente, ya que si son muy llamativas deberán combinar con el resto de la decoración.

Las plantas que se coloquen cerca de las cristaleras, deberán tener en cuenta la textura de las cortinas:

• Si decoramos la estancia con tejidos ligeros, se combinarán a la perfección con plantas frondosas y de hojas más bien pequeñas, del tipo ficus trepador (*Ficus benjamin*a) o sus variantes.

• Si las cortinas son de tejidos pesados, convendría poner plantas más robustas, de hojas grandes como el árbol del caucho (*Ficus elastica*) o el árbol lira (*Ficus lyrata*).

◀ *Durante el día, las plantas contribuyen enormemente a crear un ambiente más oxigenado. Consiguen suavizar la profusión de líneas rectas que se generan en los salones.*

◀ En un lugar con buena luz se puede colocar una drácena (Dracaena schyveriana) como ésta que muestra la foto.

- Flor de Pascua (*Euphorbia pulcherrima*).
- Cactus de Pascua: (*Rhypsalidopsis gaerneri*).
- Jacinto (*Hyacintus orientalis*).
- Guzmania (*Guzmania linguata*).
- Anturio (*Anturium scherzerianum*).
- Columnea (*Columnea gloriosa*).

• Las cortinas de encaje o de texturas semitransparentes se verán realzadas si cerca de ellas se coloca alguna palmera como: un cocotero (*Cocos nucifera*), palma de Canarias (*Phoenix canariensis*) o palma del paraíso (*Kentia forsteriana*).

El porte elegante de estas especies a contraluz, tendrá un efecto inmejorable.

En los salones suele haber pequeñas mesas auxiliares: éstas son el mejor lugar para colocar pequeños terrarios, urnas o acuarios, que ponen una nota de color y armonía.

En los espacios cuadriculados o en las repisas, por ejemplo, pueden ir muy bien las plantas denominadas trepadoras, como el amor de hombre (*Tradescantia sp.*), el poto (*Scindapsus aureus*) o, si la luz es suficiente, la hiedra (*Hedera helix*).

Tapizados y fondos azules

Para los tapizados y los fondos de color azul, las flores de rojas darán a estos fondos el contraste adecuado y el realce de especies como:

▲ Las flores rojas contrastan con las paredes y los tapizados azules.

Tapizados y fondos verdes

El violeta y el naranja son tonos que combinarán perfectamente con los tapizados y los fondos en los que se de un claro predominio del color verde:

- Ave del paraíso (*Strelitzia reginae*).
- Lirio (*Iris reticulata*).
- Crosandra (*Crossandra infundibuliformis*).
- Clivia (*Clivia miniata*).
- Buganvilla (*Bougainvilla spectabilis*).

Tapizados y fondos pardos u oscuros

Para los fondos de color pardo o de tonos especialmente oscuros es imprescindible un contraste de otro color que

los avive y para ello nada mejor que las plantas de hojas rojas o encarnadas:

- Ginura (*Gynura aurantiaca*).
- Cóleo (*Coleo Blumei*).
- Crotón (*Codiaeum variegatum*).
- Begonia (*Begonia rex*).
- Flor de Pascua (*Euphorbia pulcherrima*).

Fondos claros y estampados

Se recomiendan las plantas vistosas pero que no compitan con los fondos. Son idóneas las de hojas verdes con tenues salpicaduras de color:

- Aucuba (*Aucuba japonica*).
- Tenante (*Ctenanthe lubbersiana*).
- Criptanto (*Cryptanthus acaulis*).
- Calatea (*Calatea zebrina*).

▶ *Las plantas que adquieren mucho volumen pueden ser utilizadas para dividir ambientes. Algunas, como esta palma del paraíso, aportan con su elegancia una indiscutible distinción al rincón en el cual estén emplazadas. El color blanco del embellecedor contrasta perfectamente con el verde brillante de sus hojas y la separación de sus ramas permiten entrever más allá de ellas. Están indicadas para lugares muy amplios y más bien despejados como salones o despachos más bien grandes.*

◀ En los espacios grandes, especialmente en los salones, cuando en la decoración hay un colorido rico y variado, cualquier punto de la estancia puede servir para colocar una planta verde.

• Afelandra (*Aphelandra squarrosa*).

Para mármoles claros y porcelana decorada

No sólo los grandes contrastes producen un efecto estético. En la actualidad, también se puede encontrar ligeros contrastes o juego de irisaciones propios de materiales elegantes y delicados como los mármoles y la porcelana, que se embellecen con la presencia de plantas con hojas de tonos blancos o plateados:

• Singonio (*Syngonium podophyllum*).
• Helecho temblón (*Pteris cretica*).
• Echeveria (*Echeveria glauca*).
• Criptanto (*Cryptantyhus zonatus*).
• Cabeza de viejo (*Cephalocereus senilis*).
• Aecmea (*Aechemea fasciata*).

▶ Las plantas sin flores son el complemento más idóneo para las paredes blancas, la porcelana decorada y los mármoles de color claro.

DORMITORIOS

◄ *En decoraciones con colores uniformes y sobrias, se pueden colocar ejemplares con hojas variegadas, como este poto* (Scindapsus aureus), *con hermosas hojas de un verde intenso y pálido crema.*

En cambio en los dormitorios juveniles o informales, van mejor las crasas y, sobre todo, los cactus.

Un cactus candelabro (*Cereus jamacaru*) que abre sus flores de noche o cualquier otra cactácea de gran tamaño, tendrá en este tipo de dormitorios el valor de una escultura.

Las palmeras, como el cocotero enano (*Cocos weddeliana*) y la kentia (*Kentia belmoreana*), son más aptas para los dormitorios clásicos: colocadas en un rincón bien iluminado, por ejemplo con una ventana a contraluz, confieren un toque de elegancia y distinción.

EN LAS HABITACIONES luminosas se puede usar una extensa gama de plantas. Existen especies como begonia (*Begonia sp.*), cóleo (*Coleus sp.*), drácena (*Dracena sp.*), ágave (*Agave sp.*) o saxifraga (*Saxifraga sp.*) pueden ocupar un lugar sobre la cómoda, en una mesita, en un rincón o sobre una columna.

Los dormitorios de estilo romántico adquieren un especial atractivo cuando se los decora con plantas de flores pequeñas como la violeta africana (*Saintpaulia ionantha*) o ciclamen (*Cyclamen persicum*).

▲ *El intenso color de las flores de la begonia de flor (*Begonia sp.*) ponen una nota de alegría en este dormitorio.*

Un detalle que dará más luz y vida a un dormitorio es poner sobre junto a la ventana vasos con bulbos de tulipán o de narciso en época de floración.

El poto (*Scindapsus aureus*) es bienvenido en cualquier estancia y se puede aprovechar la tendencia de sus ramas a caer en cascada para crear un volumen grande y etéreo o bien podarlo y hacer una tupida fronda.

No es recomendable llenar el dormitorio de

▲ *El color de las flores de esta azalea* (Rhododendron simsii) *avivan los tonos pastel de la estancia y destacan contra la oscura mesilla marrón.*

plantas; éste debe ser un lugar de descanso y más bien sencillo en su decoración.

Conviene, por el contrario, utilizar las plantas para dar pequeños toques de color, de ahí que sean preferibles las que tienen flor.

Un exceso de ejemplares en el dormitorio podría resultar agobiante.

◀ *Sólo se pueden colocar plantas grandes y de un modo aislado es habitaciones muy espaciosas.*

◀ La presencia
de espejos en el
baño puede ser
aprovechada
para dirigir la
luz hacia las
plantas.

BAÑOS

LAS CONDICIONES de temperatura y humedad de los baños son las más indicadas para el cultivo de plantas; si éstos tienen, además, una buena luz natural, cualquiera que sea la especie que se utilice para decorarlos crecerá sin problemas.

La elección de las especies estará determinada, en gran medida, por el tamaño del cuarto de baño porque las dimensiones de esta habitación varían enormemente de una casa a otra e, incluso, dentro de una misma casa.

Si el baño es grande, se pueden utilizar especies como la costilla de Adán (*Monstera deliciosa*), que tiene unas hojas amplias y agujereadas, el filodendro (*Philodendron sp.*) o el singonio (*Syngonium sp*).

Las tres son trepadoras que se adaptarán perfectamente a la humedad del lugar y que, además, no necesitan demasiada luz, idóneas para cuartos de baño interiores.

Los helechos también se sentirán a gusto en un baño, sobre todo si pertenecen a una especie que soporte mejor el calor que el frío: helecho nido de ave (*Asplenium nidus*) y helecho espada (*Nephrolepis exaltata*).

Sin embargo, la planta que más se suele utilizar en los baños, es el espatifilo (*Spathiphyllum wallisii*) ya que es sumamente elegante y se adapta muy bien a cualquier entorno húmedo.

◄ *La presencia de agua y humedad en el cuarto de baño favorece el desarrollo de flores y plantas.*

especies de hojas coloridas como el caladio (*Caladium sp.*), de flores vistosas como el anturio (*Anturium scherzerianum*) o de hojas pequeñas como el soleirolia (*Soleirolia soleirolii*).

En los baños siempre hay, al menos, un espejo. Se puede aprovechar su presencia para dirigir la luz hacia las plantas o para poner éstas de modo que se vean duplicadas y más frondosas.

Durante la época de floración del jacinto (*Hyacintus orientalis*), se pueden poner algunos ejemplares sobre el mueble del lavabo o en una repisa junto a la ventana.

También deberá tenerse en cuenta el color de los azulejos: si tienen tonalidades azules o anaranjadas, se pueden reunir varias especies de tilandsia (*Tillandsia aerntea, tillandsia caput-medusae* y *Tillandsia ionantha*), junto con un ejemplar de amor de hombre de hojas púrpura (*Tradescantia sp.*), puestas en un gran macetón o en un tronco ahuecado.

Sobre fondo verde van muy bien las trepadoras de especies diferentes, colocadas en la esquina de una estantería o en una cesta colgante.

Los alicatados con tonos pálidos o el blanco se pueden realzar con

▲ *Los baños son el mejor lugar para aprovechar los espejos con el objeto de multiplicar el volumen de las plantas. Será conveniente elegir ejemplares que soporten bien la humedad y el vapor cálido de la ducha. También habrá que buscar aquellos cuyas hojas armonicen con el entorno. Los tonos de la begonia (Begonia rex) se han tomado como base para elegir el de las toallas.*

COCINAS

LA COCINA ES UN LUGAR en el cual suele haber una humedad ambiental mayor que la del resto de la casa y eso favorece, sin duda, el crecimiento de casi todas las especies de interior.

Sin embargo, debido a las funciones que en esta habitación se realizan, presenta algunos inconvenientes que podrían alterar el crecimiento de algunas especies.

En las cocinas modernas hay algunos electrodomésticos que vuelcan en el aire vapor a muy alta temperatura, como es el caso de los lavavajillas. Si se ponen plantas en su proximidad, el excesivo calor podría matarlas. Otro tanto se puede decir con relación a las cocinas y a los hornos; conviene mantener las plantas alejadas de estas fuentes de temperatura.

En el aire de una cocina también hay grasa en suspensión, producida por los fritos. Ésta tiende a posarse sobre cualquier superficie fría y las hojas y los tallos pueden terminar cubiertos de grasa, con las funciones vitales mermadas por esta situación.

Para la buena salud de las plantas que estén en ella, es necesario ventilar bien la cocina después de guisar.

Lo más conveniente es no poner en especies de hojas aterciopeladas y flores delicadas ya que son difíciles de limpiar y sería casi imposible quitarles la grasa.

▲ Las plantas en la cocina tienen que colocarse en lugares estratégicos, alejadas de cualquier fuente de calor.

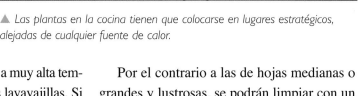

Por el contrario a las de hojas medianas o grandes y lustrosas, se podrán limpiar con un paño humedecido.

En este sentido, las que están especialmente indicadas son: ficus (*Ficus sp.*), filodendro (*Philodendron sp.*) y poto (*Scindapsus aureus*).

Si la cocina es lo suficientemente grande, convendrá poner especies de gran tamaño: hiedra aralia (*Fatshedera sp.*), aralia de Japón (*Fatsia japonica*) o ficus trepador (*Ficus benjamina*). Son, sin duda, las que mejor van a lucir.

Si la cocina, por el contrario, es de reducidas dimensiones, es preferible recurrir a algunas trepadoras como el amor de hombre (*Tradescantia sp.*) o el poto (*Scindapsus aureus*), que son muy resistentes y fáciles de cuidar.

Se las puede colocar en un mueble alto y llevar las ramas a puntos más distantes utili-

▶ Aunque los fogones sean de vitrocerámica, conviene poner las plantas lejos de él para protegerlas del calor.

zando hilos a modo de guías, o bien dejar que las ramas cuelguen.

Otras plantas adecuadas para una cocina pequeña son las cintas (*Chlorophytum comosum*) o la flor de cera (*Hoya carnosa*).

La cocina es el lugar apropiado para el cultivo de plantas aromáticas o de frutos y tubérculos como las patatas o como los boniatos.

Si el comedor diario forma parte de la cocina, se puede aprovechar alguna planta de tamaño grande para utilizarla a modo de separador, creando así dos ambientes nítidamente diferenciados.

Hoy se conocen las virtudes de los brotes de legumbres, tan benéficos para la salud.

Se los puede poner a germinar en la cocina y luego utilizarlos en diferentes comidas como ensaladas, tortillas, etc.

▲ Se pueden combinar las plantas de interior con flores frescas cogidas del jardín.

CULTIVAR BROTES

- Se forrará una bandeja con papel absorbente (servilletas, por ejemplo) y humedecerlo completamente.

- Hay que diseminar sobre el papel los guisantes de soja, las semillas de alfalfa, o la especie cuyo brote se quiera obtener y pulverizarlos con una fina capa de agua.

- Se deben tapar con otra capa de papel y ponerlos en un lugar cálido.

- Hay que ponerles el doble de agua, al segundo día.

- Al cuarto día los brotes tendrán unos cuatro centímetros y estarán listos para ser consumidos.

- Se lavarán abundantemente con agua fría para quitarles la fina capa que rodea la semilla y utilizarlos en el plato que se elija.

LUGARES DE TRABAJO

SON MUCHAS las investigaciones en las que se ha sacado como conclusión que la presencia de plantas favorece la productividad y disminuye el estrés. Además provoca sensación de bienestar por eso la presencia de plantas en los lugares de trabajo es cada día más común.

En los grandes lugares de trabajo, con salas amplias y de estilo moderno, quedan muy bien las plantas tropicales de buen tamaño: árbol del caucho (*Ficus elastica*), árbol lira (*Ficus lyrata*) o las elegantes palmeras.

En las jardineras se pueden combinar varias especies: camadorea (*Chamadorea elegans*), calatea (*Calatea sp.*), singonio (*Syngonium sp.*), aspidistra (*Aspidistra elatior*), seflera (*Schefflera sp.*), costilla de Adán (*Monstera deliciosa*), piña tropical (*Ananas comosum*) o maranta (*Marantha sp.*).

Con ellas se pueden separar los diferentes sectores de una oficina. A tal efecto también se pueden utilizar sanseviera (*Sanseviera trifasciata*), que tiene la ventaja de necesitar poca luz natural y crece muy bien bajo la luz de los tubos fluorescentes.

Se podrá dividir perfectamente el espacio ya que tiene una buena altura y sus hojas crecen hacia lo alto, permaneciendo erectas y sin abultar hacia los lados. Se usarían biombos para poner cestas con plantas trepadoras: ciso (*Cissus antarctica*), hiedra (*Hedera helix*) o roiciso (*Rhoicissus rhomboidea*).

Hay que tener en cuenta que las plantas de los lugares de trabajo pasarán los fines de semana sin cuidados y que, por lo general,

▲ *El frío color de las llantas se suaviza con los cálidos tonos de las hojas del poto (Scindapsus aureus) y de la palma del paraíso (Kentia forsteriana).*

CUIDADOS DE LAS PLANTAS DE INTERIOR

156

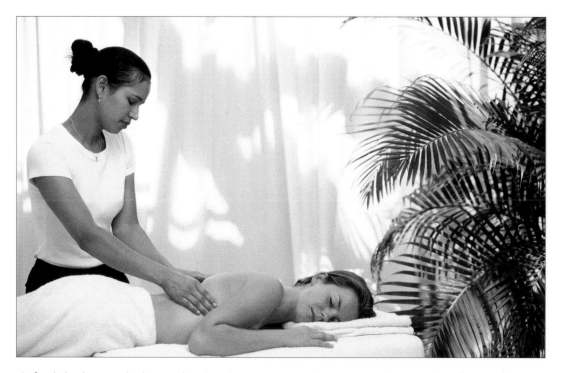

▲ *Sin duda alguna, en los lugares de trabajo las plantas contribuyen a la reducción del estrés.*

estarán sin atenciones durante el mes de vacaciones, es preciso elegir especies fuertes y resistentes.

En las oficinas con grandes ventanales, donde no haya problemas de luz, las grandes cactáceas son lo más adecuado. Ejemplos: cactus candelabro (*Cereus sp.*) o chumbera (*Opuntia sp.*).

Las crasas son también resistentes y hay una amplia variedad de ellas: crásula (*Crassula sp.*), siempreviva (*Sempervirum sp*), senecio (*Senecio sp.*), que se pueden combinar con otras de ambiente desértico como el aloe (*Aloe vera*).

En los despachos individuales se puede jugar con muchísimas especies, dependiendo del tipo de muebles y de los colores de los tapizados y las paredes.

Si el ambiente es muy sobrio, una bromeliácea en un rincón puede poner una nota de color interesante; tilansia (*Tillandsia sp.*), vriesia (*Vriesia sp.*) o la vistosa guzmania (*Guzmania linguata*), presentarán sobre un fondo gris el más sorprendente y elegante de los contrastes.

▶ *Esta composición formada por un jarrón de flores secas, una drácena (Dracaena sp.) y una palma del paraíso (Kentia forsteriana) contrasta y armoniza con el delicado tono amarillo de las cortinas.*

▲ *El ficus trepador* (Ficus benjamina) *colocado en la esquina del sofá, además de dar luminosidad al lugar crea un entorno más íntimo.*

158

La decoración en los lugares de trabajo es un desafío interesante porque permite el juego en grandes espacios a la vez que exige la atención a los detalles.

Una begonia (*Begonia rex*) o una violeta africana (*Saintpaula ionantha*) en la esquina de un escritorio, darán personalidad a ese espacio diferenciándolo del resto de las mesas que pudiera haber en la nave.

En la decoración con plantas de interior, hay que tener en cuenta dos aspectos esenciales: por un lado, aplicar los criterios del buen gusto; y por otro, se trata de elegir las especies que se adapten a las condiciones ambientales del lugar a decorar (humedad, luz, etc.).

Si se presta atención a las plantas y se las observa para comprobar su estado, serán ellas quienes elijan, sin duda, sus lugares favoritos.

◀ *Las palmeras necesitan mucho espacio para desarrollarse y son muy resistentes al calor.*

Índice onomástico